Future of the City of London
Financial Services and
the Challenger Bank
After Brexit

ブレグジット後の
金融街シティと
チャレンジャーバンク
の可能性

アフターコロナで変わる新・金融サービスとデジタル銀行

株式会社大和総研 ロンドンリサーチセンター

菅野泰夫 [著] Yasuo Sugeno

一般社団法人 金融財政事情研究会

まえがき

「ほとんどの日本人が英国に来るのは、人生で1回限り。ハネムーンか卒業旅行ぐらいです。そのため、英国での政治・経済などの話題はほとんど興味も持たれず、プレミアリーグ（サッカー）関連の記事ぐらいしか読まれません」

　これは、英国駐在のメディア関係者から、時折拝聴したご高説の一つである。たしかに、少し前までは、英国王室（ロイヤルファミリー）は別として、英国政治・経済関連の記事やレポートが、日本で注目されることはまれであった。

　しかし、筆者が2013年から現在までのロンドン駐在中に、英国は激動の時代を迎えた。

　2016年6月の英国のEU離脱（ブレグジット）の国民投票はもちろんのこと、2014年9月スコットランド独立の住民投票、三度にわたって実施された総選挙（2015年5月、2017年6月、2019年12月）や、離脱協定をめぐる英国議会の紛糾など、その度に、英国政治ドラマが繰り広げられ、日本のメディアでもこぞって取り上げられた。この時期を通してロンドンに駐在し、すべての投開票をリアルタイムに体験できたことは、非常に幸運であったといえよう。ブレグジットを機に、数多くの日本の顧客からも、「レポートを読んで、いままでまったく興味がなかった英国政治・経済に、初めて興味をもちました」などの感想が寄せられたことが、さまざまな英国関連のレポートを執筆する原動力となった。

　そして、2021年1月、移行期間が終了し、EU単一市場および関税同盟から離脱することで、英国は本当の欧州連合からの決別を迎える。EU市民の減少や、デジタル銀行（チャレンジャーバンク）の隆盛で、大手欧銀の支店が続々と閉鎖されるなど、この数年で金融街シティを取り巻く環境も様変わりした。また、それに追い打ちをかけるようにコロナ危機が起こり、在宅勤

務の本格化で金融街シティの周辺はいまだに閑散としている。ただし、大半の社員が在宅勤務を続けるなか、金融街シティの金融機関は軒並み好業績を計上しており、あらためて世界の金融街の底力を痛感する。

　本書は、英国に駐在する筆者が執筆した経済・金融レポートに大幅に加筆したものである。日本では耳慣れない英国政治用語も多く含まれているため、なるべく平易な解説や注釈を入れて補足することを心掛けたつもりである。また当時の時代背景を理解できるよう、（当時執筆した）コラムを冒頭につけるなど、少しでも英国政治・経済に親しみをもてるように工夫を施している。

　また本書は、ブレグジットとデジタル銀行（チャレンジャーバンク）という、金融街シティで起こる2大テーマを一冊にまとめた構成上、第1章から第3章までをブレグジット、第4章と第5章でチャレンジャーバンクに関する内容となっている。本書を手にとる多くの読者が、チャレンジャーバンクに重みを置く可能性もあるため、本の後半からでも読み進められるように構成している。英国では4大銀行の寡占化を防ぐべく、国策としてチャレンジャーバンクやフィンテック企業の育成に注力している。いまや、英国では利用していない人を探すほうがむずかしいといっても過言ではないチャレンジャーバンクの浸透で、すでに銀行の概念すら変わろうとしている金融街シティの実情を知る契機となることを願ってやまない。

　本書の出版にあたり、企画段階から惜しみないご支援をいただいた、株式会社きんざい出版部の赤村聡氏に、厚く御礼を申し上げたい。

　平素よりご指導を賜っている、大和総研ホールディングスの中川雅久代表取締役社長、大和総研調査本部の熊谷亮丸本部長、武藤敏郎名誉理事、またいつもレポートに目を通していただいた保志泰副本部長、小林卓典主席研究員、東京でのサポートを担当していただいた大後亜矢主任には特別の謝辞をお伝えしたい。さらに、毎年、大和総研との共催コンファレンスを通じて英国での政治情勢を日本に伝えるきっかけとなった、英国王立国際問題研究所（チャタムハウス）のロビン・ニブレット所長、ジョン・ニルソン・ライトシ

ニアフェロー、またロンドンリサーチセンターで一緒に働いた数々の同僚（特に長年サポート業務を担当してくれた沼知聡子氏）にも、心より御礼を申し上げたい。無論、ほとんどの休日を本書の執筆に充てていたにもかかわらず、それをサポートしてくれた、ロシア人の妻、沙織（旧名：オリガ）と娘のクリスティーナにも、感謝の意を伝えたい。

　なお、本書の内容や見解はあくまで個人的なものであり、筆者が所属する組織には一切関係がない。記述の誤りなどは、筆者個人がその責を負うべきものとなる。

2021年1月

大和総研ロンドンリサーチセンター

菅野　泰夫

CONTENTS

CONTENTS

第3章　今後の金融街シティは

CONTENTS

第5章 コロナ危機の余波に揺れるチャレンジャーバンクと欧州

ブレグジット年表

年月日	できごと	内　容	参照頁
2014年9月18日	スコットランド独立を問う住民投票	賛成45％対反対55％で否決	―
2015年5月7日	英国総選挙の実施	保守党が過半数を奪取、EU離脱の是非を問う国民投票の実施が確実に	―
2016年6月23日	EU離脱の是非を問う国民投票	離脱52％対残留48％で離脱決定	4
2016年6月24日	キャメロン首相辞任	サッチャー元首相以来、2人目の女性首相としてメイ首相が就任	6
2016年7月13日	メイ首相就任	―	6
2017年1月17日	ランカスター演説	メイ首相のブレグジット方針演説　1回目	15
2017年3月29日	リスボン条約50条を発動	EU離脱を正式に表明（メイ首相のブレグジット方針演説　2回目）	14
2017年6月8日	英国総選挙の実施	保守党が過半数を割る（DUPとの閣外協力へ）	9
2017年9月22日	フィレンツェでのメイ首相の演説	メイ首相のブレグジット方針演説　3回目	14
2018年11月15日	EU離脱協定に英国とEUが合意	―	19
2018年12月11日	「意味のある投票」議会採決予定日	離脱協定および政治宣言の議会承認（「意味ある投票」）を1月15日に延期	22
2018年12月12日	メイ首相の党首不信任投票（保守党内）	信任200票対不信任117票で否決されメイ首相続投	22
2019年1月15日	「意味のある投票」1回目の議会採決	反対432票対賛成202票で否決	23

2019年1月16日	メイ首相の内閣不信任案の議会採決	信任325票対不信任306票で否決されメイ首相続投	23
2019年3月12日	「意味のある投票」2回目の議会採決	反対391票対賛成242票で否決	25
2019年3月21日	離脱日延期を英国とEUが合意	英国議会で「意味ある投票」が2019年3月29日にまでに承認されなければ2019年4月12日に離脱日を延期	27
2019年3月27日	示唆的投票	すべての選択肢が否決	29
2019年3月29日	離脱予定日（1回目）	英国議会で離脱協定案が否決され2019年4月12日に離脱日を延期	30
2019年4月12日	離脱予定日（2回目）	2019年10月31日に離脱日を再延期：2019年4月11日に英国とEUが合意	31
2019年6月7日	メイ首相辞任	－	33
2019年7月24日	ジョンソン首相就任	－	40
2019年9月4日	合意なき離脱を阻止する法案の議会採決	賛成327票対反対299票で可決、ジョンソン政権の屈辱的敗北	45
2019年10月17日	新離脱協定で英国とEUが合意	ジョンソン首相の新離脱協定をEUが受入れ	61
2019年10月22日	新離脱協定法案の議会採決	賛成329票対反対299票で可決するも、法制化のスケジュール（プログラム動議）が否決され、2019年10月31日までの離脱が絶望的に	48
2019年10月30日	早期総選挙法案の議会採決	賛成438票対反対20票で可決、2019年12月12日の総選挙実施を承認	49

2019年10月31日	離脱予定日（3回目）	2020年1月31日に再々延期	49、65
2019年12月12日	英国総選挙	保守党が過半数を奪取、英国のEU離脱（ブレグジット）が確実に	55
2020年1月23日	EU離脱法が成立（国王裁可）	―	3
2020年1月31日	英国がEUから離脱	―	65
2020年2月25日	EUが協定交渉の基本指針を発表	（包括的通商協定を含む）将来的な関係性をめぐる協定交渉	74
2020年2月27日	英国が協定交渉の基本指針を発表	（包括的通商協定を含む）将来的な関係性をめぐる協定交渉	74
2020年3月23日	（1回目）ロックダウン導入を発表	イングランド全域	―
2020年6月12日	移行期間を延長しない方針を発表	EUからの輸入品に対する管理措置を段階的に導入する方針も発表	82
2020年6月30日	移行期間の延長期限（延長なし）	2021年12月末で移行期間終了が決定	82
2020年9月9日	国内市場法案を議会に提出	9月29日に下院の第3読会通過。11月9日に上院で当該条項を排除して下院に差し戻す	87
2020年10月15日	ジョンソン首相が示した協定交渉の期限	合意できず	90
2020年10月31日	EUが提案していた協定交渉の期限	合意できず	90
2020年11月5日	（2回目）ロックダウンの導入	イングランド全域	116

2020年12月24日	英・EUが協定交渉に合意	−	94
2020年12月31日	移行期間終了	英国時間23時	94
2021年1月1日	EU本離脱（EUの国境管理の実施）	EUは英国からの輸入品に対して全面的な国境管理を開始（英国は基本的な通関要件のみを開始、原産地規則の申告手続の一部も12月31日までの1年間免除）。北アイルランド議定書が発効	89、94
2021年1月5日	（3回目）ロックダウン導入	イングランド全域	−
2021年7月1日	英国の国境管理の実施	英国はEUからの輸入品に対し全面的な国境管理を導入（関税の支払も開始）	82

〈本書の留意事項〉

① わかりやすさを優先したために、一部省略・簡略化した表現を用いています。

② 意見に当たる部分は筆者個人の見解であり、筆者が所属する組織を代表するものではありません。

③ 一般的な知識を説明したものであり、特定の商品・サービスなどの勧誘を目的とするものではありません。

④ 本書に掲載されている内容は執筆当時のものです。

第**1**章

国民投票から
総選挙までの軌跡

1 国民投票から
ブレグジット交渉まで

英国を二分する国民投票直前のロンドン

　英国ではEU離脱を問う国民投票の投票日（2016年6月23日）まで2週間を切ったところでの世論調査では、離脱支持がじりじりと伸び始めていた。有権者登録期限である6月7日の夜には、政府の登録受付サイトが急激なアクセス増加によりダウン。殺到した未登録者の多くが若年層とされているが、政府は歴史的な1票を投じようとした有権者はすべて受け付けられるべきとして6月9日までの期限延長を行うほどであった。若年層は概して残留支持が多いため、政府による投票操作だと憤る向きも多かった。実際6月6日付のYouGovによる世論調査でも18〜24歳の若者のうち残留支持は約6割だが、投票率の高い50歳以上の半分超、65歳以上の高齢者は6割が離脱支持と、意見は各世代でも割れていた。

　一方、どこの国でも世論調査があてにならないことは有名な話で、代替策としてあげられる物差しの一つがブックメーカーの賭け率である。ただ2015年5月の総選挙では、ブックメーカーの賭け率から90％以上の確率で、どの政党も単独過半数をとれないハングパーラメントと予測されていた。（それにもかかわらず保守党単独政権が誕生し、結果的に大外れとなった）。

　当時、EU離脱を問う国民投票は70％以上の確率で残留と予測されていたが、筆者は総選挙時よりも確率が低いことが当然気になっていた。あてにならない指標に頼るより可能な限りサンプルを集めようと、保守党が単独政権となり国民投票の実施を決定した時からいろいろな場面で英国人にヒアリングを重ねていた。ここで気がついたことは、世論調査で示された属性別の支持層の違いはおおむね筆者の取材とその傾向が一致していることだ。

労働者階級、白人、高齢者の組合せからは、見事なまでに離脱派の意見が出てくる。一方、高齢者でも富裕層かつスコットランド出身者であれば残留派でほぼ間違いない。日本人以上に本音と建前を使い分ける英国人から本音を引き出すことはむずかしいが、ブラックキャブ（タクシー）の運転手にこの話題をふると、興味深い本音の意見が聞ける。日本で地方に行きおいしい店をタクシーの運転手に聞くのと同じ要領だ。

　"君はエクスパット（駐在員）だろ？　少なくとも収入や職業が、英国女王陛下に認められてロンドンに住むことが許可されたのだろ？　一方何だい、EUの連中は職業がなくても収入基準をクリアしなくとも英国に住んで失業保険はもちろん、社会保障で家さえも与えられる。不公平だと思わないか？"

　感情高ぶる運転手に私の意見など無用だが、そのようすをみると、相当な不満が蓄積していることが垣間見える。一緒に離脱派として戦おうなどと誘われるときもあったが、日本人に投票権などあるわけがないので、淡々とご高説を拝聴するにとどめていた。

　また直前に行われたボリス・ジョンソンが出演した公開テレビ討論会でも、（国民投票では党議拘束がかけられていなかったため）公の場で、同僚であるはずの同じ政党の議員同士が罵り合うという、英国議会では、めったに見かけない光景が繰り広げられた。与野党問わず、残留派と離脱派とに別れ、仲たがいする姿をみていると、この国民投票が終わった後、本当に英国は一つの国として同じ方向を目指すことができるのだろうかと心配になったことをよく覚えている。

　2019年12月の総選挙で大勝したボリス・ジョンソン首相が率いる保守党は、2020年1月9日、英国下院議会でEU離脱法案を賛成330、反対231で遂に可決させた（1月23日に国王裁可）。これにより2020年1月31日、ほぼ半世紀にわたるEU加盟に終止符を打ち、英国は遂にブレグジットを実現させた。2016年6月の国民投票から2019年12月までの約3年半の間に、2回の総

選挙の実施や、三度の離脱期限の延期など、ブレグジットをめぐり、英国政界は大きく迷走した。

　英国が当初EU離脱を目指した理由は、EUからの大量の移民流入を抑制することが主であったといわれている。特にイングランド北部など炭鉱・鉄鋼産業の低迷から次の産業が育っていない地域を中心に、英国人がいとう低賃金や重労働に従事するEU加盟国、とりわけ東欧諸国からの移民に対し、英国人から職を奪う存在としての反発が強まっていた。親EU派議員が多く、またEU移民に寛容な態度を維持する労働党は、地方での急激な移民の流入が社会不安を生み、公共サービスへの負荷を強め、結果的に庶民の生活に大きな負担が及んでいることに正面から取り組もうとしなかった。そのため、国民投票後に行われた2回の総選挙では、一度も政権の座を奪取できずに敗北を喫した。

■国民投票の結果は離脱派が勝利

　2016年6月23日、英国で国を二分するEU残留の是非を問う国民投票が実施され、わずかな差ではあったものの、過半数を集めた離脱派の勝利が確定した（離脱52%、残留48%）。

　国民投票当日は、英国各地で強い雨や雷などが発生し、ロンドン市内の一部では道路が冠水し、急きょ投票所が変更されたケースもあった。悪天候によって残留支持が多い若年層の浮動票に影響が及ぶことが懸念されていたが、総じて投票率は高く（72.1%）、2015年5月の総選挙時の66.1%を大幅に上回った。

　国民投票前日の世論調査では離脱／残留支持の水準が拮抗しており、態度を決めかねている浮動票がどちらに投票するか読み切れず、最終的な結果がどちらに転ぶか最後までわからない状態であった。メディア関係者の多くは都市部のエリート層で、彼らの大半は残留支持であったため、投票結果は拮抗するものの最終的には残留となるとの楽観的な見方が主要な論調になっていた。残留支持が優位のスコットランドの投票率が相対的に低かったこと、

ウェールズが予想外にも離脱支持に回ったことが、最終的に離脱を選択した結果につながっている。また労働党が支持基盤である労働者階級への配慮を怠り、地方での急激な移民の流入による社会不安や庶民の生活への負担に目を向けなかったことが、同党の票田でも離脱が選択された要因とされている。世紀の投票であり、離脱・残留双方のキャンペーンは終止符を打ったが、実際には、これから起こる約3年半の英国政界の大きな混乱のスタートラインにすぎなかった。

■危うかった国民投票キャンペーン

　当初は劣勢であった離脱派が優位になった要因の一つとして、直前に行われた公開テレビ討論会の重要性をあげる見方も多い。後に首相となるボリス・ジョンソン議員（当時）は、再三、「実権を取り戻す（Take back control）」という短いが力強いスローガンを多用し、EU離脱が移民抑制と診療時原則無料の国民保健サービス（NHS）を含む公共サービスの財源増加につながるといったメリットを強調した。移民抑制は排斥を意味するのではなく、英国連邦のオーストラリアやニュージーランドで採用されているポイント制などの導入であるという主張に関しても一定の理解が浸透していた。

　一方、残留派は、深刻化する移民問題に対し具体的な解決策の提示を避け続け、離脱のデメリットのみをあげているため、支持率拡大につながらなかったといえる（保守党は年間純移民数を10万人に抑制することを政策に掲げていた）。残留派ジョー・コックス下院議員が極右組織とのつながりを報道された男に殺害されるなどの痛ましい事件があったものの、離脱派勢力の減速は一時的なものであった。容疑者は犯行時に「英国第一（Britain First）」と叫んだとされている。

　労働党が左派政党としてEU移民に寛容な態度を維持し続けたことも、労働者階級からの支持率低下、ひいては残留の支持低下につながったとみる向きも多い。保守党は野党のように、党として残留、離脱のスタンスをとらず中立としたため、デビッド・キャメロン首相はじめ党内の残留派は、超党派

で残留支持グループの力を借りざるをえない状況まで追い込まれていた。国民投票に関しては、党議拘束がかけられなかったため、与党保守党内、野党労働党内でも残留派と離脱派とに分かれ激論を交わすという近年まれにみる事態も発生した。

当初、キャメロン首相は、国民投票の結果がどちらになっても辞任をしていたが、予想に反し離脱が決定した直後の6月24日に辞任を表明した。また、その後実施された、保守党党首選をテリーザ・メイ内務相が征し、7月13日にマーガレット・サッチャー首相以来となる2人目の女性首相が誕生した。

またスコットランド自治政府のニコラ・スタージョン首相（スコットランド国民党の党首）は、残留を強く主張し、万が一離脱となれば英国からの独立をめぐり、2回目となる住民投票の実施も辞さないと、強気のスタンスをみせていた。だが、当時のスコットランドの世論調査では、独立支持は4割を下回っており、たとえ住民投票の実施に踏み切っても勝算は低かったとされる。これは英国議会から主権を取り戻したいという思いから、住民投票で独立を支持した住民のなかには、同様にEUからも主権を取り戻したいと考え、ブレグジットを支持する層が一定数含まれるためといわれている。またスコットランド以外の英国がEUから離脱して、スコットランドがEUに独立国として残留することは現実的ではないとの指摘も多かった。

スコットランド国民党（SNP）は英国の離脱後も通貨ポンドの維持を主張していたが、EUに残留するのであれば当然ながらユーロへの切替えが求められる。スコットランドとイングランドの国境に、通関検査や国境検査を導入することについても悩みの種になると考えられていた。そのうえで2014年の住民投票時と最も異なるのは、原油価格の低迷であった。北海油田からの収益は著しく減少し、油田施設の廃止措置により巨額費用の発生も予想されるなど、2014年以降のスコットランド経済は低迷していた。SNPは独立を求めるものの、その一方で独立による政策上のメリットや、実務面における明確な道筋を描くことができず、説得力に欠けるとの批判があった。

■流れが大きく変わった2017年の英国総選挙、
支持率急落の原因となった認知症税

　ブレグジットの流れが大きく変わったのは、やはり2017年にメイ首相が行った総選挙からであろう。2017年4月18日、メイ首相が総選挙否定から一転して実施を発表した直後、保守党は労働党に支持率で24%ポイントのリードを保ち、圧倒的勝利で政権基盤を固めるとみられていた。ところが、保守党と労働党の差は総選挙直前の5月末の時点で、3%ポイントにまで縮小した（**図表1-1**）。

　世論調査の結果が大きく変化した要因は、5月下旬に発表された保守党マニフェストにおけるソーシャルケア政策の不人気であった。総保有資産が「10万ポンド（約1,400万円）」を下回るまでは、介護費用の自己負担という新たな施策（通称、認知症税）を掲げたことが支持率急落の要因とされる。実際にはキャメロン政権下で同様の政策が導入されており、2016年4月からの実施予定が、2020年まで先送りになっていた。これが前倒しになったかたちではあったものの、持家を含めた資産が10万ポンド以下になるまでは、介護

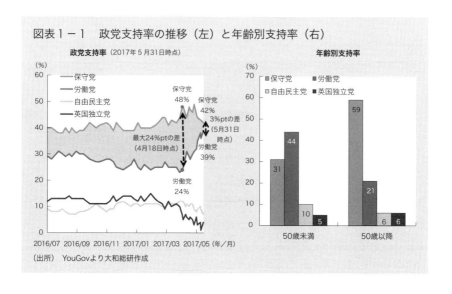

図表1-1　政党支持率の推移（左）と年齢別支持率（右）

政党支持率（2017年5月31日時点）

凡例：保守党／労働党／自由民主党／英国独立党

保守党 48%／保守党 42%／3%ptの差（5月31日時点）／労働党 39%／最大24%ptの差（4月18日時点）／労働党 24%

2016/07　2016/09　2016/11　2017/01　2017/03　2017/05（年/月）

年齢別支持率

凡例：保守党／労働党／自由民主党／英国独立党

50歳未満：31／44／10／5
50歳以降：59／21／6／6

（出所）　YouGovより大和総研作成

費用は自己負担しなければならないことは、多くの懸念を招いた。住宅価格が高騰している英国では、自宅を売却して、資産を減らさなければ介護費用の補助が受けられないことを意味する。

　英国の医療制度では診療時は原則無料だが、財源や病室不足が深刻化しているため、介護が必要な高齢者も最低限の入院しかできない。また代替となるプライベート医療は米国と同様に高額であり、日本のような介護保険制度をあてにした老人施設は一般的ではない。よって高齢者層よりも、老親を介護するミドル層（40〜50歳代後半）の負担が大きいといわれている。ただ保守党は、現在居住している自宅を売却して介護費用に充てることがないように、死後に自宅を売却して精算する後払方式を提案していた。

　しかし、後払方式では認知症のように多くのソーシャルケアを必要とする親をもった場合に、子どもの相続分が減ってしまうことになり、子ども世代からの反発も強かった。ガンなどでNHSでの治療が必要な場合に比べ、アルツハイマー病を患った場合には、日常生活を送るにあたり継続的な介護が求められるようになり、持家を子どもに残す可能性が減る。そのため、労働党が「認知症税」と批判したことが、この施策の通称として定着している。

　それまでは、保守党圧勝という政治的流れを金融市場は好感をもって受け止め、通貨ポンドは対ドルで6カ月来の高水準にまで上昇していた。しかし総選挙を数日後に控え、選挙後の存続すら危ぶまれていた労働党の躍進に対し、金融市場はその解釈に苦しみ、世論調査結果は発表の度に大きな変動を示していた。年齢層別にみると労働党の支持が伸びたとされているのは50歳未満の層、特に18〜24歳の3分の2は労働党に票を投じるとする世論調査もあった。ただ、世論調査の信頼性が問われた2016年の国民投票や、2015年の総選挙では若年層投票率が過大評価されていたとの指摘もあり、労働党の支持率急進が、そのまま得票率拡大につながることに対しては懐疑的な意見も多かった。特に国民投票後に存在意義が薄れ、（EU離脱を単一争点とする）英国独立党の支持者は、軒並み保守党に流れたため、直前まで、むしろ保守党の議席増という現実的なシナリオが予想されていた。

■総選挙の結果、ハングパーラメントに

　このような背景のなか、国民投票後に実施された１回目の総選挙（2017年
６月８日）では、メイ首相率いる保守党が317議席で第一党の座を守ったも
のの、単独では過半数（326議席）に届かず2010年の選挙以来のハングパー
ラメント（宙吊り国会）となった。最大野党である労働党は262議席を獲得
し、前回から大幅に議席数を増やした。労働党は、保守党からの議席奪還
や、保守党が重点選挙区として労働党の牙城を取り崩そうとしていた選挙区
を死守するなど、イングランドの選挙区において大健闘して保守党に大きな
打撃を与えた（**図表１－２**）。

　労働党の躍進は、若年層の投票率が予想以上に高かったことが主因と考え
られる。僅差でEU残留と想定されていた2016年の国民投票でEU離脱となっ
たことで、「だまされた」ように感じた若年層の逆襲とも表現された。ま
た、労働党支持が多数を占めるロンドンの選挙区では、投票時間内に危ぶま
れていた天候が崩れなかったことも、若年層の投票率増加に功を奏したとい
われている。

　投票締切り直後に発表された出口調査結果に基づく予想獲得議席数で、保

図表１－２　英国総選挙の結果

政党名	前回選挙（2015年５月７日）の獲得議席数	解散時（2017年５月３日）の議席数	今回選挙（2017年６月８日）の獲得議席数
保守党	331	330	317
労働党	232	229	262
自由民主党	8	9	12
スコットランド国民党（SNP）	56	54	35
民主統一党（DUP）	8	8	10
その他	15	20	14
合計	650		

（出所）　英国選挙委員会より大和総研作成

守党が過半数を割り込むとの指摘がなされた途端、ポンドは対ドルで急落した。これは保守党の過半数獲得に対する懸念によるものというよりは、総選挙が再度行われる可能性の高まりや、スコットランド住民投票の可能性の増大など、今後の英国政治・経済の先行きに対する不透明感が強まったことが要因とされている。

　英国ではハングパーラメントになった場合、基本的に政権樹立の優先権をめぐるルールが存在しない（選挙前の政権与党や、選挙での第一党が必ずしも優先されるわけではない）。新たに選出された議会の信任が得られるかどうかをみるまで、内閣が総辞職する必要もない。また、総選挙から次回国会会期の初日までの間は12日間が望ましいとされており、スペインやオランダなどの欧州諸国とは異なり、延々と連立交渉が続くわけではない。2010年の選挙でも今回と同様にハングパーラメントとなったが、第一党の保守党と第三党の自由民主党が短期間で政策的な合意に至り、選挙からわずか5日間で連立政権が樹立されている。ただ2017年の総選挙時には二大政党の政策に共鳴する少数政党が少なかったため（自由民主党は連立参加を再三にわたり否定）、少数与党政権を樹立させ、重要法案において野党からの協力を確保する方式も想定された。近年の選挙で少数与党政権が誕生したのは、1974年2月の総選挙でハングパーラメントとなった際の、労働党（ウィルソン首相）政権だが、当初から長期的なものとは受け止められておらず、同年10月にやり直し総選挙を実施したという経緯がある。

■民主統一党（DUP）との少数与党政権がようやく発足
　2017年6月29日、保守党の施政方針が英国下院で可決され、メイ首相は総選挙で10議席を獲得した民主統一党[1]（DUP）との閣外協力を経てようやく少数与党政権樹立に至った[2]。

1　北アイルランドの英国への帰属を求める（ユニオニスト）政党で、北アイルランドのプロテスタント派指導者により1971年に設立。シン・フェイン党などのアイルランド共和国との統一を求める（ナショナリスト）政党とは対立している。

DUPはEU懐疑派の政党であり、保守党との協力は自然な流れとなるが、あくまで政府信任や予算のほか、重要なブレグジット関連法案（EU法廃止法、通関法、貿易法、移民法、農業法、漁業法、原子力保障法、国際制裁法）といった主要法案の議決においてのみ保守党を支持するという合意である。正式な連立を組むわけではないため、その他の法案についての支持は保証されていない。DUPはブレグジットを支持していたものの、統一派政党として北アイルランドの英国への帰属を支持し、北アイルランドが英国の他の地域と同様の待遇を受けることを求めている。ただ、現在自由な往来が確保されている北アイルランドとアイルランド共和国との国境間に、再び国境検問を導入するような条件での離脱は受け入れないと表明していたことが、後々までブレグジット交渉を難航させる要因となった。

　また保守党はDUPによる協力の見返りとして、（次の総選挙までの）5年間に、北アイルランドに対しインフラ投資など約10億ポンドの助成金を交付することで合意した。低税率のアイルランド共和国との競争を可能にするため、法人税やVATの課税権限について、北アイルランドにより大きな権限を委譲するなど、少数政権樹立に必死な保守党の大盤振る舞いが目立った[3]。

　無論、議会内でも北アイルランドへの特別待遇には批判が続出し、野党はDUPとの合意に税金がどれだけ使われるのか、財政支援の詳細を公開するように要求するなど、議会は紛糾した。スコットランドやウェールズなど他の地方自治政府には同様の追加交付金は付与されないため、メイ政権の延命のためという不公平感も漂い、多方面から批判を集めた。DUPの閣外協力

2　総選挙の結果、保守党は過半数に9議席足りない317議席であった。DUPの10議席を足すことで、結果的に（シン・フェイン党議員7名、議長・副議長の4名を除くと）過半数＋13議席となった。当初、2017年6月19日に予定されていた施政方針演説（女王演説）は同21日まで大幅にずれこんだものの、ようやく新政権がスタートすることとなった。

3　保守党はマニフェストで年金に対するダブルロックへの変更を主張していたが、DUPはトリプルロック（年金給付額の伸び率を賃金上昇率、インフレ率、最低保障2.5％の3つのなかから有利な数値を選択する制度。保守党は2020年以降、3つの数値のなかから最低保障2.5％が外れる、ダブルロックを主張）の維持も勝ち取った。

は短期主義に基づくものであり、長期的にみて保守党のダメージとなるとの見方も広がり、メイ首相の求心力は徐々に損なわれていった。

■バッド・ディールよりもノー・ディール

　総選挙に先立ち、欧州委員会は2017年5月3日に、4月29日のEUサミットで正式に承認された英国との離脱交渉に関する交渉指令案を発表した。この指令案では、EUとの関係を清算する法外な「手切れ金」や、現在英国に居住するEU市民の権利を離脱後も永遠に認めることを要求するなど、あくまで強気であり、英国側の主張と真っ向から対立していた。EU側はこの離脱指針案に基づいて2019年3月29日まで2年間にわたり交渉を行い、同案を英国の離脱協定として正式に承認させたい構えだった。仮に離脱協定が妥結に至らなかった場合には、英国は同日午後11時ちょうどに第三国となり、金融パスポート等の単一市場へのアクセスはもとより、全EU協定が適用されなくなるはずであった。

　ただメイ首相率いる英国側は、純移民数の抑制を第一に掲げ、単一市場へのアクセスを諦め、強硬離脱することを政府方針として目指していた。デービッド・デービスEU離脱相（当時）は、EUとの離脱交渉において、この指令案のままでは衝突は避けられないとの見解を示した。「手切れ金」や北アイルランドとの国境の問題など、英国側には容易には受け入れられない問題の解決を、貿易協定締結など将来の関係性が判明していない時点で優先させるEUの姿勢に対して、非論理的と猛然と批判した。本格的交渉開始前の揺さぶりとの指摘もあるが、けんか腰ともいえるEU側に、メイ首相も態度を硬化させ、"バッド・ディールよりもノー・ディール（不利な契約を結ぶぐらいなら、交渉が決裂してもかまわない）"とまで発言し、EU側のけん制を図った。強硬なEU側の姿勢に英国民からの反発も強く、メイ首相の発言を受けて実施された世論調査の結果をみても興味深いものが多かった。

　図表1-3に示すように、メイ首相のこの発言に対する意見を問われ"もしEUが英国に良い条件を示さないなら、貿易協定に調印しなくてもかまわ

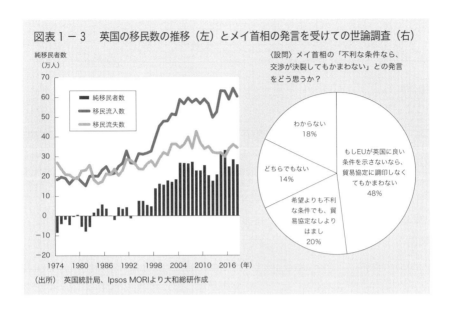

図表1-3　英国の移民数の推移（左）とメイ首相の発言を受けての世論調査（右）

純移民者数
（万人）

- 純移民者数
- 移民流入数
- 移民流失数

1974　1980　1986　1992　1998　2004　2010　2016（年）

〈設問〉メイ首相の「不利な条件なら、交渉が決裂してもかまわない」との発言をどう思うか？

わからない
18%

もしEUが英国に良い条件を示さないなら、貿易協定に調印しなくてもかまわない
48%

どちらでもない
14%

希望よりも不利な条件でも、貿易協定なしよりはまし
20%

（出所）　英国統計局、Ipsos MORIより大和総研作成

ない”との回答が過半数近く（48％）に達し、“希望よりも不利な条件であっても、貿易協定がないよりはまし”（20％）を大きく上回っていた調査もその一例であった。

　またメイ首相は、離脱後のEU市民の権利に関して一定の理解を示したものの、保守党の政権公約として年間純移民者数を10万人までに抑えるとの目標を掲げており、EU域内外を問わず移民流入抑制は譲れないという姿勢を示していた。保守党は、2010年のキャメロン政権発足以降、年間純移民者数10万人以内の目標を掲げていたが、（英国人を除く）EU域内からの純移民者数だけでも2016年9月末までの1年間で16.5万人と推計され、現在までこの目標を達成できたことはない（英国への年間純移民者数は、同27.3万人にも達していた）。ただ移民で支えられているホスピタリティや建設現場、介護やNHSなどの医療現場からは離脱後の労働力不足を懸念する声も多かった。EU域外からの純移民者数（同16.4万人）もかなりの数に達していたため、身内の保守党議員からもEUを離脱しても達成困難な目標であると認める声が

出ていた。またこの目標を諦めることは、（移民管理の主権回復を求めた）ブレグジット自体を否定することにもなりかねなかった。

■難航したブレグジット交渉（ブレグジット交渉打開に向けたメイ首相の演説）

メイ首相は総選挙に先立ち、2017年3月29日にリスボン条約50条を宣言し、EU離脱のプロセスを開始していた。これに基づき、離脱協定の交渉が毎月行われることとなったが、交渉開始からしばらくの間、EU、英国の双方は自説を主張するだけで議論は平行線となり、一向に譲る姿勢をみせなかった。2017年8月28〜31日の第3回のブレグジット協議を終えた記者会見でバルニエEU首席交渉官は、交渉に決定的な進捗がみられないと発言し、難航する交渉に対する不満が双方で高まっていることをうかがわせた。EUの意向により、離脱に伴う3つの優先課題（EU市民の権利、「手切れ金」およびアイルランドとの国境）で相応の進捗がない限り、貿易協定など将来の関係性についての議論には移行しないことになっており、交渉に関しより柔軟なアプローチを求める英国側の要請を、EUは頑なに拒み続けた。

特に物議を醸したうえ、こう着状態に陥ったのは「手切れ金」の交渉だった。EUは、すでに（英国のEU離脱の有無を問わず）EU予算（複数年編成）は決定しており、その拠出金負担は加盟国の義務にすべきであるとのスタンスをとり続けた。当初は、英国がEUに支払うと目されていた約440億ユーロの「手切れ金」のうち、一部は移行期間中のEU加盟料としてEU予算拠出金のかたちで支払い、そのかわりに貿易協定と離脱協定の平行交渉に移るとの報道があったため、保守党内のEU強硬離脱派が猛反発を起こしていた。

そのようななか、2017年9月22日にメイ首相は、イタリアのフィレンツェ[4]にて、こう着するブレグジット交渉打開に向けての演説を行った。

4　最近の歴代英国首相は特別な演説のときには欧州の主要都市をその場に選択している。当日、フィレンツェでは交渉や会議などが予定されていたわけではなく、英国が離脱後もEUと深く特別な関係を求めていくことを強調するため、欧州の歴史的な中心地であった同地が選択されたという。

1月17日のランカスター演説、3月29日の50条行使書簡に次いで3回目の（ブレグジットに関する）メイ首相の意思表明となり、6月の総選挙で辛酸を舐めたメイ首相が、従来のハードブレグジット路線のスタンスをどれだけ軟化させたかを見極めるためにも、一語一句が注目された。

　演説では、①単一市場・関税同盟・欧州司法裁判所（ECJ）法域からの脱退、②約2年間の移行措置（Transition Period）の設置、③EUに対して2020年度までの分担金の支払を約束（事実上の「手切れ金」）、④独自の貿易協定の締結、などを主に取り上げていた。過去2回の演説と比較すると、EUに対する姿勢が若干軟化している印象は受けたものの、事前に報道されていた演説要旨[5]から大きなサプライズもなく、従来のハードブレグジット路線からの転換を示す内容とまではいかなかった。

　演説で最も注目されたのは、やはり「手切れ金」に関する内容であった。EU側が強固に「手切れ金」に執着する理由は、EU予算の分担金において、加盟国間で最高額の負担水準にある英国の離脱により、複数年編成のEU予算（現行2014〜2020年）に大きな影響が出ることが確実視されていたためといわれている。このため、EUから離脱すれば分担金を支払う必要はなくなり、その金額を国民保健サービスの拡充など英国内で有効利用すべきであると主張するEU強硬離脱派が猛反発を起こしていた。特にボリス・ジョンソン外相（当時）は9月17日の日曜紙への寄稿で、離脱に関する自らのビジョンとして、離脱後の関税同盟や単一市場への残留を求めず、（単一市場へのアクセスに分担金を負うべきではなく）不要となるEU分担金を国内で有効利用すべきであるとの強硬離脱論をあらためて展開した[6]。

　外相は、報道されている「手切れ金」の金額は法外であると批判し、必要

5　演説前日の9月21日、メイ首相は演説草案を閣僚に配布し、閣議でその内容についての説明を行っている。それによれば、ボリス・ジョンソン外相をはじめとするEU懐疑派が許容する最大2年間の移行期間を求めるとともに、具体的な金額への言及はないものの、「手切れ金」についてオープンで寛大な提案をし、今秋には、貿易協定など将来の取決めの交渉に進めることを目指すというものであった。ただ首相側近が演説内容の微調整の可能性を示唆したため、22日午後までさまざまな臆測が続いた。

性が検証された金額のみを支払うと発言していた。保守党議員のなかには、法的根拠がないゆえに支払義務がないとして「手切れ金」の支払をいっさい拒否すべきであると主張する強硬派すらいた。このような党内の事情もあり、「手切れ金」に対するコミットメントを求めるEUに対し、英国政府が明確な言及を避け続けたことにより、交渉は暗礁に乗り上げていた。

　一方、産業界からの圧力もあり、関税同盟や単一市場へのアクセス維持に向け数年の移行期間を設け、その見返りとして「手切れ金」を支払うことが、ほぼ規定路線とみられてはいた。しかし演説の直前には、従来報道されていた額を下回る200億ユーロ程度（英国が受領する補助金分を差し引くネットでの金額）との臆測が流れたため、EU側からの反発が予想されていた。

　しかしながら、メイ首相の演説では、「手切れ金」の支払は認めたものの、その金額については何も言及がなかった。無論、メイ首相は、この金額が交渉において最大の武器になっていることを承知していた。この段階で、金額を提示してしまえば、その後の貿易協定交渉での切り札を失うことになることはだれの目にも明らかであったためである。

6　メイ首相がスタンスを変えるのであれば、外相辞任をも辞さない姿勢と報じたメディアもあり（なお、当時、ジョンソン外相は辞任報道を否定）、離脱をめぐり閣僚内に不和があることは想像に難くない。

2 1回目の離脱延期（2019年3月29日）から メイ首相の辞任

COLUMN

タワーマンション火災でさらに苦境に立つメイ首相

　2017年に入り、英国ではテロが相次ぎ、筆者は駐在員事務所の従業員家族の安否を何度確認しただろうか。物騒な事件が続くなか、6月14日に、ロンドン中心部であるケンジントン・チェルシー地区の低所得者向け公営住宅（カウンシルハウス）のグレンフェル・タワーで火災が発生し多くの死傷者が出た。火は15分ほどで24階建ての建物全体に燃え広がり、その予想を上回る火の手と煙で十分な救助ができなかったとされている。現場は、当時の筆者の自宅から数キロのところにあり、6月3日のロンドンブリッジのテロ発生日と同様、真夜中にサイレンが鳴り響いていた。

　火の回りが早かった理由の一つに、2016年に追加された外装に燃えやすい素材を使った（加えて、その外装と壁面の隙間が煙突のようになった）可能性などが指摘されている。ロンドン市内の建物は1986年まで"ロンドン建築法"の適用対象であり、室内へ火の手が及ぶことを防ぐため、外壁は一定時間以上の耐火性をもつことが要件とされた。しかし、この規定は廃止され、外壁の非可燃性の要件は緩和されていた。当該マンションは1974年に建築されたもので、日本では古い建築物として紹介されているがロンドンでは比較的新しい建物である。英国では景観規制が厳しく、新築建物の認可がなかなか下りず、築100年程度の建物はざらにある。カウンシルハウスの建替えは入居者の行き場の確保が必要となるが、不動産価格の高騰が続いたロンドンで、それは容易なことではない。このため改築を余儀なくされ、外観だけでも奇麗に新しくみせようと外装工事を追加する自治体も多い。不動産投資が好まれるお国柄で、古い物件を改築して、高値で売り抜けることに醍醐味を感じ

る向きも多い。見た目を重視し、改築作業がずさんだったという住民の声も
あり、外見だけ取り繕おうとしたツケが住民である低所得者層に回ってきた
との指摘もある。

　また特に、犠牲者が増えたのは、マンションでの火災時マニュアルどおり
自宅待機に徹したことが理由とみる向きもある。英国の地方自治体が用意し
ている高層建物での火災時の避難マニュアルをみると、たしかに自分の部屋
で火災が発生したとき以外は、室内にとどまり消防隊の救助や指示を待つこ
とが推奨されている。パニックになった高層階の住民が非常階段に押し寄せ
れば、消防隊員の邪魔になり、消火活動どころではなくなる。

　ただ無論これは、スプリンクラーや防火ドアが整備され、火の手が火災発
生階にとどまることが大前提となるため、ケース・バイ・ケースであろう。
筆者が以前住んでいたロンドンのマンションでも管理室から火災が発生した
ことがある。その時はボヤですみ、煙も炎も自室からはまったくみえなかっ
たが、警察官が猛烈に玄関のドアをノックして避難を促され、真夜中の午前
２時に子どもを抱えて避難したことがある（築80年を超すこの駐在員向けマン
ションの火災報知器は鳴らなかった）。

　グレンフェル・タワーの建築時にはスプリンクラーの設置は義務化されて
おらず、2016年に完了した改築でも設置はされなかった。このため、当該マ
ンションの10階に住む幼い子どものいる一家は、火災発生を知るや濡れた
シーツを子どもに巻きつけ、すぐに避難することで助かった。一方、同じく
住民でシリアから来た兄弟のうち、兄はすぐに逃げて助かったが、弟は室内
にとどまり消防からの助けを待ち続けたために助からず明暗を分けた。室内
にとどまり消防隊の指示や救助を待ったことが、結果的に被害者数の拡大に
つながったといわれている。

　またタワーの住人は、避難経路である（非常）階段が１つしかないことへ
の不安を、以前から管理会社や自治体に何度も訴えていた。ただなんらの対
処もとられなかったことで、低所得者の声を無視してきたとして自治体はも
とより、緊縮財政を進めてきたメイ首相をはじめとする英国政府に強い怒り

が向けられた。現場を視察した際、被害者の動揺を招きたくないと遺族と面会しなかったメイ首相に対する風当たりは特に強かった。2017年の英国総選挙では、長らく保守党の地盤とされた（タワーがある）ケンジントン・チェルシー選挙区で、労働党候補者が歴史的な勝利を収めている。絶対的選挙地盤にあぐらをかき、住民の声に耳を傾けなかった与党保守党の敗北は象徴的である。国民の痛みに鈍感だった与党保守党の「負けに不思議の負けなし（負けるときは負けるべくして負けてしまう）」である。

■EUと離脱協定案および政治宣言に合意

　2018年11月25日の緊急EU首脳会議（EUサミット）で、ようやく英国のEU離脱に関する条件が正式に承認された。その内容は、英国のEU離脱の条件を定めた離脱協定案と英国・EUの将来の関係性を提案する政治宣言の２本からなる（以下、離脱合意案とする）。

　当時のメイ首相は、EU離脱は英国民による選択であると主張し、「英国民はこれ以上ブレグジットに時間を費やしたくない」と、議論が収束したことをアピールした。これで、2017年３月から約20カ月をかけ何度も紆余曲折を経た英国・EU間の交渉が終わりを迎えると考えられた。

　政治宣言は、英国・EUの将来の関係枠組みの方向性を示しているものの法的拘束力はもたない。離脱後の英国とEUが、自由貿易から警察分野の協力までと広範囲にわたりパートナー関係を築くことを目指したものだが、抽象的な内容であり、解釈の幅が広く、離脱後の関係性をめぐる交渉において禍根を残すこととなった。また、アプローチ自体は評価されたものの、メイ首相が求めるEUとの「摩擦のない貿易」を確約するものではなかったため、離脱合意内容について英議会の承認を得るうえで、後押しにはならなかった。

　また、離脱後の英領ジブラルタル（EU未加盟）の主権や漁業権をめぐる、スペインやフランスの要求事項は棚上げされ、政治宣言には含まれなかった。スペインのサンチェス首相は懸念事項を先送りするというEUの方針に

納得がいかなかったためか、ジブラルタルが英国・EUの貿易協定に含まれないことを明記するよう最後まで訴え続けていた。一方、英国でも評価は分かれ、保守党内でもEU懐疑派議員が、「われわれは事実上、EU単一市場域内にとどまることを約束させられている。EUに英国の漁場を提供し、EU漁獲枠の制約を受けることを認めることは英国民を激怒させる要因となるだろう」と警鐘を鳴らしていた。

■ようやく離脱協定合意にたどり着くも
離脱協定の下院採決（意味のある投票）が通過せず離脱延期を繰り返す

　長期にわたる交渉を経て、EUとようやく離脱合意案が形成されたものの、まずは英国議会でのいわゆる「意味のある投票（Meaningful vote）」での承認（当初の予定は2018年12月11日の採決）、さらに欧州議会での承認を経なければこの協定は成り立たない。メイ首相は、11月26日の議会演説で、この合意以外の選択肢はないと説明し、「英国議会で可決されなければ、われわれはEUにとどまるだけだ。この離脱合意案によりさらに将来の扉を開け、不確実性を払拭しなければならない」と訴えた。

　野党でも離脱合意案の否決に回ることを公言する議員も少なくなかったため、協定不成立によって合意なき離脱が起きるとの臆測も流れた。ただEU離脱法では、離脱合意案が議会採決で否決された場合には、暦日で21日以内に代替策を英国政府が準備する必要があるとし、否決が即座に合意なき離脱を意味するわけではなかった。しかし、当時はメディアも過熱し、メイ首相の政治生命が離脱協定の承認にかかっているかのようなセンセーショナルな報道が目につき、合意なき離脱も間近といった印象を強めた。

　2018年12月4日から離脱合意案をめぐる審議が始まったが、まず保守党の親EU派、ドミニク・グリーブ議員が反旗を翻した。離脱合意案「意味のある投票」が否決された際に英国政府が示す代替策に対し、議会が修正案を求めるなど、議会の権限を拡大する動議を提出し、可決された。ただ、議員の過半数は残留派とされたものの、離脱協定の修正や2回目の国民投票の実

施、離脱期限を延期して再交渉を実施、あるいはソフトブレグジットとしてEEA（欧州経済領域）やEFTA（欧州自由貿易連合）に参加など、その意見は十人十色でコンセンサスはまったくとれていなかった。このため、たとえ議会が修正案によって政府の代替案を修正しようとしても、過半数を獲得するような実行可能な代替策がないため、最終的に合意なき離脱に向かうとの危惧があった。政府は、残留派の主流が強く求めていた2回目の国民投票でも、離脱票が再度過半数を得ると読んでおり、実施にはまったく応じない姿勢だったこともあり、議会は出口のない迷路に突入するようなものであった。メイ首相が代替策の承認を諦め、合意内容を争点にして解散総選挙に打って出る可能性までも浮上した。

　ただ、どの選択肢にしろ、EUは11月25日に承認した離脱合意案を「唯一にして最善の策」と評価し、再交渉には応じない構えを強調していた。このため、当初の離脱期限である2019年3月29日までにEUを翻意させ、新たな協議に入ることは時間的にほぼ不可能と考えられた。

　なお、強硬離脱派もメイ首相の合意内容を強く批判したが、残留派のように具体的な代替策を提示しなかった。これは、懸案となっていたアイルランドと英領北アイルランド間の国境でのハードボーダーを回避し、バックストップ行使も避ける妙案が現実に存在しなかったためと考えられる。

　バックストップとは、2020年末のEU離脱への移行期間終了後も、英国とEUとの貿易協定が締結されなかった場合、北アイルランドを含む英国全土を関税同盟に残留させ、国境上の通関検査を不要にし、財の移動の自由を確保する安全策である。

　EEAやEFTAへ参加し移動の自由を認めたり、財やサービスに関してEU規制との連携を維持したりしない限り、EUを離脱し第三国となった英国が隣国のEU加盟国との間でハードボーダーを回避することはできない。強硬離脱派はメイ政権を崩壊させ、EUとの再交渉をも辞さない構えだったが、メイ首相の離脱合意案以上に英国にとって条件が良く、かつハードボーダーを回避する案を出すことは事実上不可能だった。

離脱合意案に反対して、合意なき離脱を招けば、ハードボーダーがつくられ、経済に大きな打撃を受ける懸念があった。政治家として本当に議会採決に否決票を投じられるのかという疑問はあったが、合意なき離脱はその後もさまざまな場面で切り札として利用されることになった。

■離脱協定の採決は急きょ延期に、
　ただEU側はこれ以上の交渉を行わない方針

　メイ首相は、自身がまとめてきた離脱合意案が大差で否決されることが確実視されたため、採決予定の前日12月10日に急きょ「意味のある投票」の採決の延期を発表した。不意をつかれたことに激怒した保守党議員は、次々と党首不信任案の書簡を提出し、翌11日には（保守党内の）既定の48通に達し、不信任投票は翌12日に実施された。その結果、信任票が200、不信任票が117で、メイ首相の続投が決まり、党規によってその後１年間はメイ首相に対する不信任投票は行われないことになった。３割以上と想定以上の不信任票が投じられ、ブレグジットをめぐる党内の深い断絶が強調されたこともあり、メイ首相は投票後の声明で、相当数の議員が不信任票を入れた事実を認め、その懸念に耳を傾けたと述べた。そのうえで、翌日からのEUサミットで、最大の懸念とされるバックストップが半永続的な措置ではないとの法的確約を求めていくと表明した。

　メイ首相はEUサミットで、バックストップが１年を超えないように停止期限の目標設定を求めたが、EU側が頑なに拒否したとされる。EUが譲歩したのは、バックストップが一時的な措置であるという方針を表明する共同声明までだった。トゥスクEU大統領はEUサミット後の会見で、英国とEU離脱合意案について今後の再交渉をあらためて否定した。ユンケル欧州委員会委員長も、この離脱合意案が最善で唯一として、これ以上の交渉は行わないことを公言した。

　法的確約を得るという期待どおりの成果をあげられず、メイ首相は翌年１月に当初の離脱合意案を議会に諮ることになり、否決は不可避と考えられ

た。その場合、メイ首相が再びなんらかのかたちで代替策を提示し、議会承認を求めて説得に回ると多くの議員が予想した。また不信任決議で勝利したため、党首交代はメイ首相本人が辞任しない限り不可能となった。下院議員３分の２の支持で総選挙の前倒し実施も可能だが、保守党内ではまだ総選挙をするべきではないという空気が優勢であった。メイ首相は頑なに退陣を否定し、議会のこう着状態への突入がいよいよ鮮明となっていった。

■延期にもかかわらず
「意味のある投票」の１回目の議会採決は歴史的大差で否決

　クリスマス休会を経て新年早々に開かれた議会では、EU離脱法の修正案が可決され（2019年１月９日）、離脱合意案が否決された場合の代替案（プランＢ）の提出期限が、当初の21暦日から（下院での審議日）３日以内に変更された[7]。

　離脱期限が迫っていたため、政府も悠長に構えず、21日を待たずに代替案を発表する見通しが強かった。それでも、想定外に期限が短縮されたため、メイ首相にはさらなる重圧がのしかかった。メイ首相は再度EUに譲歩を迫り、採決予定日の前日、トゥスク大統領とユンケル欧州委員会委員長連名の書簡を確保した。同書簡ではバックストップ発動を回避すべく、2020年末までに英国とEUの将来的な通商関係についての合意を目指すという内容であった。合意なき離脱を回避したいのはEUも同じであり、それでも、離脱合意案に対する議員の抵抗を覆すには至らず、１月15日の議会採決で同案は、反対432対賛成202と歴史的な大差で否決された。

　屈辱的な大敗を喫したメイ首相に対して、翌16日に内閣不信任案が提出され、否決はされたものの（信任325票対不信任306票）メイ首相の求心力は一段と弱っていった。大幅な転換が期待された代替案だったが、政府はバックストップについて議会の要望をふまえて修正するという方針を示すのみにとど

7　代替案提出後、７審議日以内で採決の実施と規定されている。

まり、代替案自体が存在しないという残留派議員の懸念が裏付けられたかたちとなった。2月に入りメイ首相は再びEUに事態の打開に向け交渉を求めたが、EUは今度は譲らず、進退窮まったメイ首相は2月末に、3月12日までに離脱合意案の修正案が承認されなければ、3月末の離脱期限に際し、合意なき離脱を選ぶのか、離脱期限の延期をとるか、議会に問うとの方針を発表した。

■「意味のある投票」の2回目の否決（メイ首相のスタンドプレーは再考の時期に）

　離脱合意案「意味のある投票」の2回目の採決前夜となる3月11日に、メイ首相はユンケル委員長とバルニエEU首席交渉官と会談し、2つの文書（法的拘束力のある共同解釈文書および政治宣言に追加される共同声明）について合意した。また、バックストップに英国が永続的にとらわれることになるとの懸念払拭を目的とするこれら文書による協定の変更点について、採決前にコックス法務長官の法的助言も公開されることとなった。土壇場でまたしてもEUの譲歩を引き出したかのようなメイ首相だが、秘密主義で周囲への根回しを行わないスタンドプレーとの批判もあった。

　議会承認の鍵を握るとされた法的助言だが、大方の予想に反し、離脱協定の内容を変えることができないというものであった。同長官は、11日に合意された法的確約によって離脱協定が若干改善されたことは認めたが、バックストップに終了期限が付与されたり、英国が一方的にバックストップを反故にする権利を付与されたりするものではないとした。それどころか、今回の変更点があったとしても、今後英国とEU双方の主張が食い違うなどにより協議が行き詰まった際に、英国がバックストップを逃れる保証はないと結論づけた。この結論をふまえ、離脱合意案を正当化できるかどうかは、各議員の政治的判断に委ねると長官は助言した。この助言が発表されるや否や、合意案支持について明言を避けていた民主統一党（DUP）や強硬離脱派のリースモグ議員率いるヨーロッパ・リサーチ・グループ（ERG）は、一斉に合意案不支持の姿勢を明確にした。

メイ首相は、国民投票の結果であるEUからの離脱実現に政府は尽力しており、EUとの合意を伴う離脱が最善の道であると述べ、承認を迫った。しかし、3月12日の離脱合意案に対する2回目の議会採決では、反対391票、賛成242票（149票差）と前回採決に続き大差で否決された。それでもメイ首相が声をからしながらも、合意なき離脱のリスクを回避するため、"改善された合意案"を支持するよう最後までアピールしたこともあり、前回採決で反対した保守党議員約40名[8]は合意支持に回った。ただ仮に10〜20票差の僅差で否決となれば、メイ首相は保守党議員の説得よりも、離脱支持選挙区の労働党議員の取込みに注力し、引き続き離脱合意の議会承認を目指すと考えられていた。それも（149票差と）大差での否決により、議会承認は困難との見方が濃厚になった。代替策を模索しようともしないメイ首相の姿勢から、むしろ、合意なき離脱を否定した議会での意思を無視し、離脱期限まで無策を貫いて時間稼ぎをし、合意なき離脱をするのではないかとの臆測も流れるなど、事態は非常に混乱した。

　合意なき離脱回避には、離脱合意案の承認が唯一の道と、メイ首相が再三にわたり訴えたことは、むしろ合意なき離脱をちらつかせて議会の承認を強引に勝ち取ろうとする姑息な手段として受け止められ、結果的に議会からの信任を下げたとみられている。採決前夜にEUの譲歩を引き出すなど、一挙に挽回を図ろうと周囲のだれにも相談せず行動するメイ首相のスタンドプレーは結果的に逆効果となった。

■遂に英国議会は離脱期限を延期する政府動議を可決

　離脱合意案が2回目も否決されたため、翌3月13日に合意なき離脱の是非を問う採決が行われた。（メイ首相は党議拘束をかけない方針をとったため）議会の過半数は合意なき離脱を拒否するとみられていたが、強硬離脱派と親欧州派および労働党幹部の思惑はそれぞれで、どのような投票結果となるかは

8　保守党議員の反対は75名。

直前でもまったく予想がつかなかった。蓋を開けてみれば、「いかなる場合でも」合意なき離脱を排除するという政府動議が321対278で可決され、経済や社会に大打撃を与えることが懸念される合意なき離脱を回避するという議会の意思に揺らぎがないことがあらためて示された。

　離脱合意案は承認されず、合意なき離脱も否定されたため、残された道は離脱期限の延期しかなくなった。このため３月14日、「離脱期限の延期」をめぐる政府動議が提出され、賛成412票対反対202票で可決された。これにより、３月20日までに「意味のある投票」が可決されれば、離脱に向けた関連法制定のみを目的とし、６月30日までのテクニカルな離脱期限の延期を政府がEUに要請することが可能になった。「意味のある投票」が三度否決されても、離脱期限延期は回避できず、３月21日からのEUサミットで明確な目的と期間を示したうえで、延期要請をせざるをえなくなった（離脱期限が６月30日を越えれば、欧州議会選挙への参加を余儀なくされる）。

　動議採決に先立ち、EU離脱法の修正４案の採決が行われた。そのうち２回目の国民投票実施を求める修正案には、賛成票がたった85票しか入らず否決され、多くの議員の驚きを呼んだ（賛成85票対反対334票）。2016年の国民投票以降、そのやり直しをめぐる初めての採決だったが、残留派やソフトブレグジットを要求する議員からの支持はほとんど集まらなかった。また同様に注目された労働党議員提出による示唆的投票（インディカティブ・ボート：【英】Indicative vote）を求める修正案はわずか２票差（賛成312票対反対314票）で否決された。示唆的投票とは、離脱合意が承認されない場合に代替案を決めるための議会採決である。EUとの交渉の軸になる案を模索するもので、25人以上の議員が支持するノルウェープラス、関税同盟などの代替案を選択肢とし、これら選択肢を一斉に採決するものである。

■３回目の「意味のある投票」の採決の示唆でメイ首相の信任はさらに低下

　示唆的投票を求める修正案が否決され、メイ首相はブレグジットの主導権を議会に奪われることをかろうじて逃れた。メイ首相は、翌週に３回目とな

る「意味のある投票」を行うとし、その結果いかんで、EUサミットで離脱期限の延期要請を行う意向を示した。3回目の投票でも離脱合意が否決されれば4回目の投票をと、離脱合意案に対する議員の懸念に正面から取り組むのではなく、こう着状態にしびれを切らした議員が協定案の承認に回ることをねらう、愚直な策に固執した。

　この背景にはDUPのフォスター党首が、英国コックス法務長官と合意の修正について協議し、今後数週間で離脱合意案を承認する可能性を示唆したことがあげられる。フォスター党首は、合意なき離脱を望む人などだれもいないと、合意形成への意欲を示した。メイ首相の離脱合意案承認には、3月12日の採決で反対した保守党75議員の翻意が必要となり簡単なことではなかった。しかし、その多くはDUPがスタンスを変えればこれに続くと思われていた。またドイツのメルケル首相も、離脱期限が長期にわたって延期されれば、欧州議会選に与える影響（EUを離脱するにもかかわらず英国も欧州議会選に参加する）があることを認め、英国側の要請に柔軟に対応する意向を示したこともある。

　この一連の3日間の採決では、最初2回で大敗北を喫し、メイ首相の権威はさらに低下した。残留派閣僚が造反するなど、政府としての体をなさない状態となった。3回目の「意味のある投票」で離脱合意案が否決された場合は、メイ首相が辞職を余儀なくされる可能性すらも取りざたされた。そのような状況下でも、労働党や残留派議員たちは依然として、コンセンサスを形成することはできなかった。

■ 1回目の離脱期限の延期（3月29日から4月12日へ）

　3月21日のEUサミットでは、英国のEU離脱期限を6月30日まで延期するとの要請に関する協議が行われた。協議は予定より長引き、午後11時過ぎにようやくトゥスク大統領とユンケル委員長は記者会見を開き、英国からの要望に2つのオプションで応じたことを発表した。

　まず1つ目のオプションは、メイ首相の離脱合意案が翌週可決されるとい

う条件で、離脱期限を5月22日まで延期することであった。

　2つ目のオプションは、離脱合意案が否決された場合、離脱期限を4月12日とすることであった。離脱合意案が否決された場合、英国は4月12日までに今後の方針について、EU理事会に通知することが求められた。結果的にメイ首相が求めたよりも短期間での離脱合意案の決着をEUが求めたこととなる。

　トゥスク大統領はまた否決後4月12日までは、すべての選択肢が残っていると指摘した。つまり英国が、①合意なき離脱、②さらなる離脱期限の延期（長期延期）、③離脱の取りやめ（リスボン条約50条行使の無効化）といったオプションを検討することを意味した。またユンケル委員長は、EUはメイ首相の離脱合意案が議会で可決されるため、やれることはすべてしてきたと強調し、離脱期限の延期が決定打になることを期待していると述べた。

　その後、欧州委員会の広報官は、3月22日のEUサミットでの決定に基づき、離脱期限は4月12日午後11時（英国時間）にすると発表した。そして、それまでに英国が通告した今後の方針について、EU理事会が検討するとした。採決結果を受けて、トゥスク大統領は4月10日に緊急EUサミットの開催を決定した。EU首脳が英国の要請を検討する時間を確保する必要があるため、英国はこの緊急サミットまでに今後の方針を通告しなければならなくなった。

■示唆的投票（インディカティブ・ボート）を実施するもすべての案が否決

　離脱期限が4月12日に延期され、時間を稼いだ与野党の残留派議員たちは、ここから政府に攻勢をかけ始める。3月25日、英国下院はEU離脱方針に関する政府動議において、与野党議員が提出した（政府からブレグジットの主導権を奪うための）複数の修正案を採決した。注目されたのは、「3月27日に示唆的投票の実施を求める」修正案が329対302で遂に可決されたことだ。政府は依然として離脱合意案の議会承認を求めていたため、修正案否決に向け党議拘束をかけていた。しかし、その採決直前に閣僚が賛成票を投じ

るために辞任し、同修正案可決の見通しは濃厚となっていた。ただ27票差と予想を上回る票差での政府の敗北となり、メイ政権にとってはまたしても屈辱的な敗北となった[9]。

その後、3月27日に示唆的投票が英国下院で実施された（**図表1－4**）。メイ首相の離脱合意案にかわり、議会で一定数の支持が得られるオプションを

図表1－4　示唆的投票（インディカティブ・ボート）の選択肢と採決結果
　　　　　（2020年3月27日実施）

選択肢	概要	採決結果 （賛成対反対）
合意なき離脱	4月12日に合意なき離脱をする（保守党バロン議員の案）	160対400で否決
共通市場2.0	EEAに加盟し、代案が見つかるまで暫定的に関税同盟に加入（保守党ボウルズ議員の案）	188対283で否決
EFTA/EEAに加盟	共通市場2.0の案に類似するが、関税同盟は否定。バックストップは代替案に置き換える（保守党ユースタス議員の案）	65対377で否決
関税同盟に加盟	離脱後に恒久的な関税同盟参加の交渉を行う（保守党クラーク議員の案）	264対272で否決
労働党の離脱協定代案	関税同盟に加入し、単一市場との緊密な整合性を図る（労働党の案）	237対307で否決
50条行使の無効化	合意なき離脱が数日内に迫ったら、その是非を議会で問い、これが否決されればリスボン条約50条行使を無効化する（スコットランド国民党のチェリー議員の案）	184対293で否決
国民投票による承認 （2回目の国民投票）	離脱協定および政治宣言が国民投票で承認されるまで、議会はこれを批准できない（労働党ベケット議員の案）	268対295で否決
モルトハウスB	2020年末までEU予算への拠出を続け、2年間EU市場への完全なアクセスを確保する（保守党フィッシュ議員の案）	139対422で否決

（出所）　英国議会より大和総研作成

9　また「離脱合意が可決されることなしに、離脱期限まで残り7日間となった場合、議会が合意なき離脱を認めるか、離脱期限の延期を要請するかどうかを採決する」という修正案は311対314で否決された。

列挙し、最も支持を集めた選択肢を軸としてEUと交渉するというものである。ブレグジット交渉の混乱を解決する第二の選択肢として注目されていた。

　投票では、議会のコンセンサスを得るという目的からか、一般議員からのオプション提出が大半を占めた（合計16案、政府はメイ首相の離脱合意案を提出しなかった）。そのなかからバーコウ下院議長が選んだ8つの選択肢について各議員が是非を問われたものの、結果はすべて否決された（政府閣僚28名は棄権を命じられたが、その他の保守党議員には党議拘束はかけられなかった）。

　支持が多かったのは、離脱協定および政治宣言が国民投票で承認されるまで、議会はこれを批准できないという労働党議員の案や、離脱後に関税同盟への加入を交渉するという保守党議員の案であった。

　さらに2回目の示唆的投票でも、関税同盟への加盟、EFTAおよびEEAへの参加、離脱合意に対する国民投票の実施、合意なき離脱を回避するための一連のステップが代替案として採決の対象となったが、いずれも過半数を獲得できなかった。特に選出される可能性が高いと考えられたのは、1回目の示唆的投票時にわずか8票差で否決された「関税同盟への加盟」であった。（1回目の示唆的投票の採決を受けて）バルニエEU首席交渉官は、政治宣言に関税同盟への加盟を反映することは可能と言及するなど、こう着状態打開への期待を示唆していた。

■英国議会は3回目の離脱協定案を否決

　離脱合意の議会承認をめぐり、3月29日に離脱協定案の受入れ是非を問う3回目の採決が実施されたが、賛成286票対反対344票と三度の否決となった。政治宣言を含めず離脱協定案だけの採決としたのは、同一会期中に同じ動議を再び提出することはできないとのバーコウ下院議長の判断に抵触しないためである。法的拘束力のある離脱協定のみで、政治宣言が採決対象に含まれないため、「意味のある投票」とはならないことから（動議は新たなもので、前2回の「意味のある投票」とは実質的に異なるため）同議長は認めざるを

えなかったという。

　保守党議員のうち、ラーブ元EU離脱相やERGのリースモグ代表など、著名な離脱派議員が事前に支持を表明し、結果的に前回採決で反対した議員のうち41議員が翻意したにもかかわらず、他の保守党一般議員34名は反対の姿勢を崩さず58票差と大差での否決となった。またDUPはこれまでの主張どおり、バックストップを受け入れることはできないとし反対票を投じた。メイ首相は採決前の演説で、EUとの将来的な関係性という次の段階における交渉において、（貿易や社会保障等で）労働党の発言権拡大を約束するなど、大きな譲歩をみせたが、労働党からの造反はごくわずかな数にとどまった。

　否決後の答弁でメイ首相は、４月12日に英国は合意なき離脱の可能性がおおいに高まったと警告し、議会におけるこの（離脱合意承認）プロセスの限界に達しつつあると述べた。労働党のコービン党首は三度も離脱協定が否決された以上、首相の辞任と解散総選挙を要求した。さらに保守党のベイカーERG副代表までも、離脱合意が可決されることはないと首相辞任を求めた。

■英国のEU離脱は10月31日までの再延期が決定

　４月10日のEU緊急サミットで、メイ首相による離脱期限の再延期要請を受け、５時間に及ぶ協議の末、必要な限りの延期（フレクステンション：【英】Flextension）を容認することが合意された。再期限は10月31日までとし、この期限よりも前に離脱協定が批准された場合は翌月の１日が離脱日となる柔軟性をもたせた。ただし英国が５月23〜26日にかけて実施される欧州議会選挙より前（５月22日まで）に離脱協定を批准できなければ、欧州議会選挙に参加するという条件がついた。欧州議会選挙に参加しない場合は６月１日が離脱日になり、合意なき離脱が確定することとなった。

　EUが提示した離脱期限延期の条件はほかに、①英国は離脱協定やそれに付随する書簡の再交渉はできない、②延期期間をEUとの貿易協定締結など、将来的な関係性の交渉に利用することもできないことが盛り込まれた。ただしEUは、英国が関税同盟などのソフトブレグジットに方針を転換する

場合には、政治宣言を再検討する用意はあるとした。また6月20日、21日のEUサミットで、状況把握のために、条件等の見直しを行うとした。

　EUサミットで、メイ首相は、仏マクロン大統領が、独メルケル首相などの穏健派が支持する年末あるいは2020年3月末までの長期延期の意見に対し、ほぼ1人で反対を続けた（英国残留期間中にEUの重要決定事項に関与する可能性を恐れていた）。

　10月31日までの延期は、次期欧州委員会委員長が就任する11月1日より前に英国が離脱することを意味した。ただEUサミット後の記者会見でトゥスク大統領は、10月にすべてが完結することを意図しているとしながらも、どのような結果もありうると認め、（10月31日以降）さらなる延期が起きる可能性を排除しなかった。さらに6月のEUサミットでの見直しについては、状況確認の機会であり、何かを決定する機会ではないと述べ、延期期間が短縮される可能性が低いことも示唆した。

■メイ首相が遂に退任を発表

　国民投票から3年近くも経つなか、欧州議会選挙に参加することへの議会はもちろん国民の抵抗は大きく、それを回避するためにも離脱合意案が可決されることをメイ首相らは望んでいたとされる。

　しかし、超党派協議による進展もなく、依然としてメイ首相への反対勢力は相当なもので、すでに3回も否決されたメイ首相の離脱合意案（3回目は政治宣言を除外したため、厳密には「意味のある投票」ではない）に、可決のメドはまったく立たなかった。

　保守党と閣外協力関係にあるDUPはバックストップに関する問題が解決されない限り、法案不支持の意向を一貫して示していた。保守党の強硬離脱派、ERGのメンバーも、同様に否決票を投じる構えをみせていた。さらに労働党の一部議員や自由民主党議員らは、2回目の国民投票を伴わなければ、いかなる案でも否決に回るとのスタンスだった。労働党はメイ首相が頑なに反対する最終的な離脱合意について国民投票を行うことを要求し、その

国民投票が実施されないのであれば労働党議員の半数以上が最終的な離脱合意案を否決する意向を示していた[10]。

　仮に再度、離脱合意案が下院で否決された場合は、同一会期中に、これ以上同法案を提出することができなくなる可能性が高かった。離脱実現に尽力するため、離脱合意が批准されるまでは辞任しないと進退を賭けてきたメイ首相だが、再度、同法案否決を受けて辞任すれば、在任期間が歴代でも短くなり、不名誉な記録となるとみられた。ただ辞任しなければ、メイ首相には総選挙か合意なき離脱かを選択するしか残された道はない状況に追い込まれていたため、すでに打つ手は尽きていた。

　最終的にメイ首相は、2019年5月24日に首相官邸前で声明を発表し、6月7日に保守党の党首を辞任する意向を示した。新党首が選出されるまでは首相を務めるとし、辞任の翌週から新党首選出のプロセスが開始されるとした。これで少なくともゴードン・ブラウン元首相の在任期間を上回ることとなり、近年（1964年以降）で最も在任期間が短い首相の汚名は回避できた（**図表1－5**）。

　最後にメイ首相は、ブレグジットを実現するために最善を尽くしたと述べ、離脱合意を支持するよう議員説得に向けすべての手を打ったが、残念ながら議会承認には至らなかったと敗北を認めた。ブレグジットを実現できなかったことは、今後に大きな悔いを残すことになるとして、「妥協は悪いことではない」とのニコラス・ウィントン[11]の言葉を引用した。

　声明の最後には声を震わせ、沈着冷静で知られた首相が珍しく感情を露呈させた。もうすぐ退任するものの、首相を務められたことは、自分の人生に

10　労働党は自由民主党や緑の党が主張しているように、いかなる状況下でも国民投票実施を求めていたわけではない。離脱合意案を修正することができなかった場合、あるいは総選挙にならなかった場合に限り、実施を要求していた。

11　第二次世界大戦勃発直前、ナチスドイツの迫害からユダヤ人の子どもたちを守るため、チェコスロバキア（当時）から計669人の救出を支援し、英国のシンドラーとして知られる。戦後はメイ首相の選挙区である英国南西部のメイデンヘッドに住み、メイ首相に対し上記のアドバイスをしたという。

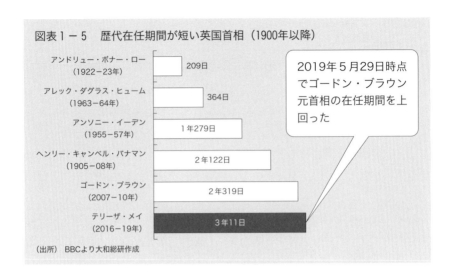

図表1-5　歴代在任期間が短い英国首相（1900年以降）

首相	在任期間
アンドリュー・ボナー・ロー （1922-23年）	209日
アレック・ダグラス・ヒューム （1963-64年）	364日
アンソニー・イーデン （1955-57年）	1年279日
ヘンリー・キャンベル・バナマン （1905-08年）	2年122日
ゴードン・ブラウン （2007-10年）	2年319日
テリーザ・メイ （2016-19年）	3年11日

2019年5月29日時点でゴードン・ブラウン元首相の在任期間を上回った

（出所）BBCより大和総研作成

おいて大変光栄なことであり、故マーガレット・サッチャー元首相に続く2人目の女性首相として、「愛する母国に尽くせたことを非常に感謝する（gratitude to have had the opportunity to serve the country I love）」との言葉で締めくくった。

3 ジョンソン首相誕生から 3回目の離脱延期（2019年10月31日）

COLUMN
インスタ映えしなかったEUのケーキ

A piece of cake, perhaps? Sorry, no cherries.（ケーキはいかがですか？ 申し訳ありません、チェリーはありませんけど）。

このキャプションをつけた、2018年9月20日付のトゥスクEU大統領のインスタグラムの投稿が英国で波紋を呼んだ。同大統領がメイ首相に3段トレイに並ぶ多くのケーキのなかから好きなものを選ぶよう促している写真である。A piece of cake, perhaps?は、（「簡単なこと」を意味する慣用句と掛けて）"EUの提示した妥協案を選べば、ブレグジット交渉は簡単だろ？"を意味し、Sorry, no cherries.は、"英国のいいとこ取り≒チェリーピッキングはできないぞ"を示唆している。EU側の真意は、交渉において英国には①EU案（バックストップ案）で妥協するか、②合意なき離脱を選ぶかの2つの選択肢しかないと示すことにあろう。

この投稿は、瞬く間に拡散し、炎上した。EU離脱派である保守党議員らは信じられない侮辱であると、怒りを隠せずにいる。普段、生々しい感情を人前で露わにすることを嫌うとされる英国人も激怒しており、トレーディングフロアや、（筆者の）娘の学校への送迎の際もこの話題で持ち切りであった。投稿があった日に終了したEUの非公式首脳会議で、英国はバックストップ案の受入れを固辞した。バックストップ案とは、北アイルランドとアイルランド共和国の間の約500kmの国境線上に（フェンス等の）物理的国境を設置しないかわりに、北アイルランドは関税同盟に残り、EUは英国とのFTA交渉を継続する。これは、アイルランド島とグレートブリテン島との間に通関・国境を設けることを意味する。ただ、この提案を受け入れれば、連

合王国である英国が分断されたと受け止められかねない。北アイルランドの帰属をあらためて問うような国境の設定がされればメイ政権の存続どころか、最悪の場合には、20年前にようやく成立した和平合意（ベルファスト合意）の根幹が崩されるおそれがあった。

　アイルランドは、12世紀以降英国に実質支配されていたが1937年に北部6州を除いて共和国として独立した。この6州が英領北アイルランドだが、1960年代から英国による統治を望むプロテスタント系と、アイルランドとの統合を求めるカトリック系の住民対立が激化し、武力闘争に発展した。1998年のベルファスト合意を受け、アイルランドが北部6州の領有権主張を放棄し、和平が成立した。

　メイ首相はこの投稿の翌日午後2時過ぎに急きょ、ブレグジットに関する演説を行い、連合王国として北アイルランドのみ異なる枠組みに加わることはできないと断言した。バックストップ案を断固否定し、いわば最終判断を下したような演説であった。ただ、北アイルランド行政部および同議会との合意がない限り、北アイルランドと英国のその他の地域との間に規制上の境界をつくらないと言及したことから、合意があれば北アイランドがEU規制の支配下にとどまる可能性を示唆し、譲歩の用意があるのではないかとの指摘もある。メイ首相の落ち着かないようすは画面越しからも伝わり、前日の投稿に対する怒りも一役買っているかのようすであった。投稿された写真では、たくさんのケーキを前にメイ首相が迷っているさまが印象的であったが、実際には英国には合意なき離脱の選択しか残されていないようにみえた。しかしながら、本当に合意なき離脱が訪れていたら、在英EU市民の立場を悪くするだけの、後味の悪い投稿であったともいえる。

■保守党新党首選出方法およびスケジュール

　メイ首相の辞任表明は、保守党党首選の実質的なスタートを意味した。党首選を所管する1922年委員会[12]は、2019年6月10日までに立候補を締め切り、6月末までに決選に進む2候補者にまで絞り込み、7月下旬となる議会の夏季休会開始までに新党首を選出する予定を発表した。

　保守党の党首選は2つのステージに分かれており、まず第一ステージでは、党内の立候補者全員（立候補には2議員の支持が必要）に対し、保守党下院議員（当時313名）による投票を行い、得票数の最も少ない候補者が1人ずつ脱落し、最終的に2名になるまで投票を続ける。最終投票は、選ばれた2候補による決選投票となり、全国の保守党党員（当時約12万人）が1党員1票ベースで郵便投票を行う。党首の当選要件はこの第二ステージでの過半数の獲得である（第一ステージで立候補者が2名であった場合は、最終投票のみ実施する）。2001年から現在の方式で実施されており、それ以前は最終投票でも一般党員は投票できなかった。

　ただ前回（2016年）のケースでは、最終投票の前に、対立候補であったレッドソンエネルギー担当相（当時）がメイ候補支持を表明して、決選投票進出を辞退したため最終投票が行われなかった。数人に候補が絞られた際に、組閣時の主要閣僚ポストをねらい、決選投票で勝利が確実視されている候補者を支持するために、立候補を取り下げるなどの政治的な駆け引きが予想された。また決選投票は郵送で行うため時間がかかるので、最終投票を議会の夏季休会までに終わらせるために、第一ステージを比較的短期間に実施するなど、期間の短縮を図った（**図表1－6**）。

12　党首選挙の運営責任を負う保守党内の組織。保守党党首選の手続の大枠は党規約に記載されているが、勝敗に影響を与える実施時期と詳細なルール設定を行う。与党時は役職以外の議員（バックベンチャー）で構成されるが、野党時には党首以外の全保守党下院議員が構成員となる。

図表1－6　過去の保守党党首選の投票結果

1995年

第一次投票 7月4日	
メージャー（確定）	218票
レドウッド	89票

1997年

第一次投票 6月10日		第二次投票 6月17日		第三次投票 6月19日	
クラーク	49票	クラーク	64票	ヘーグ（確定）	92票
ヘーグ	41票	ヘーグ	62票	クラーク	70票
レドウッド	27票	レドウッド	38票		
リリー	24票				
ハワード	23票				

2001年

第一次投票 7月10日		第二次投票 7月12日		第三次投票 7月17日		決選投票 9月13日	
ポーティロ	49票	ポーティロ	50票	クラーク	59票	ダンカン・スミス（確定）	155,933票
ダンカン・スミス	39票	ダンカン・スミス	42票	ダンカン・スミス	54票	クラーク	100,864票
クラーク	36票	クラーク	39票	ポーティロ	53票		
アクラム	21票	アクラム	18票				
デービス	21票	デービス	17票				

2005年

第一次投票 10月18日		第二次投票 10月20日		決選投票 12月6日	
デービス	62票	キャメロン	90票	キャメロン（確定）	134,446票
キャメロン	56票	デービス	57票	デービス	64,398票
フォックス	42票	フォックス	51票		
クラーク	38票				

2016年

第一次投票 7月5日		第二次投票 7月7日	
メイ	165票	メイ（確定）	199票
レッドソン	66票	レッドソン	84票
ゴーブ	48票	ゴーブ	46票
クラブ	34票		
フォックス	16票		

（注）　2001年の第一次投票は最下位が同票のため、全員第二次投票に進出。
（出所）　保守党ウェブサイトより大和総研作成

■保守党党首選候補10人が出そろう

　6月10日、1922年委員会は、党首選立候補受付を締め切り、それまで立候補の意向を表明してきた10議員を正式な候補者として発表した（**図表1－7**）。

図表1－7　2019年保守党党首選、立候補者（年齢、派閥は当時）

No.	候補者	年齢	派閥
1	ジョンソン元外相	54歳	離脱派
2	ハント外相	52歳	残留派
3	レッドソム元院内総務	56歳	離脱派
4	ゴーブ環境相	51歳	離脱派
5	ラーブ元EU離脱相	45歳	離脱派
6	ジャビド内務相	49歳	残留派
7	スチュワート国際開発相	46歳	残留派
8	ハンコック保健相	40歳	残留派
9	マクベイ元雇用年金相	51歳	離脱派
10	ハーパー元下院内幹事長	49歳	残留派

（出所）　保守党ウェブサイトより大和総研作成

　候補者が乱立した党首選となり紆余曲折が予想されたが、決選投票では推薦人の数や他の立候補の顔ぶれから、ジョンソン元外相と現職のハント外相との一騎打ちになる可能性が高いとみられた。ジョンソン元外相は、ファラージ党首率いるブレグジット党に対峙できる唯一の強硬離脱派として、保守党党員からの絶大な支持を集めていた。一方、離脱協定案の再交渉が可能と主張するハント外相は、EUからみれば理想的な候補とは言いがたいが、ジョンソン元外相に比べ賢明であり、実務的な人物であるとのアピールには成功していた。当初立候補するとの臆測があったラッド雇用年金相およびモーダント国防相などの主要閣僚がハント外相支持を表明したことも、大きな驚きを呼んだ。またジョンソン元外相の最も有力な対抗馬であったゴーブ環境相は、20年以上前の薬物使用を認めたことで、支持率が急低下し、一気に有力候補から脱落した。ゴーブ環境相は司法相も歴任し、使用時期にはジャーナリストとして薬物使用を批判する記事を書いていただけに、元保守党議長のワルシ上院議員をはじめ、議員からの批判の声がやまず、立候補を辞退すべきとの声までもあがった。

■保守党党首選党則の変更により短期決戦に

　1922年委員会は、立候補の意向を示していた議員がこれまでになく多かったため、候補者乱立を懸念し、党首選の期間短縮に向け事前に党則を変更していた。このため、党則変更により出馬に必要な議員推薦数が2名から8名に引き上げられたことから、立候補を表明していながらも立候補受付の締切り直前に党首選撤退を表明した議員も出た。

　また従来の党首選では、保守党党員による決選投票に進む2議員を選ぶまで、繰り返し保守党議員が投票を行い、1回の投票で得票率が最も少ない候補者が1人ずつ脱落する方式だった。党則変更により、1回目の投票では、約5％に当たる得票率（17議員以上からの支持）が、次回投票に進む際の最低条件となった。さらに2回目の投票では、約10％に当たる得票率（33議員以上からの支持）までハードルが上がり、決選投票の2候補までの絞り込みの迅速化を目指した。2回目の投票で2候補に絞り込まれない場合には、さらに3回、4回目と投票が予定され、得票率が最も少ない議員を落選させる投票を続けていくことになった。

　第一ステージにて、最終候補の2候補に選出されたボリス・ジョンソン元外相とジェレミー・ハント外相は6月22日にバーミンガムで、保守党党員の前で初めてとなる討論会を実施した。その後も全国各地で討論会を行った。それと並行して、保守党一般党員の郵送による決選投票を実施し、7月22日の午後5時に投票が締め切られた。一般党員による投票ではジョンソン外相の勝利が確実視されていたため、組閣時の主要閣僚ポストをねらった、政治的な駆け引きは顕著であった。第1回投票で落選したレッドソム元院内総務およびマクベイ元雇用年金相、さらに第2回投票を前に党首選から撤退したハンコック保健相が元外相支持の意向を表明した。

■ジョンソン新首相誕生へ

　2019年7月23日、7週間にわたり繰り広げられた英国の保守党党首選の結果発表が行われ、ボリス・ジョンソン元外相（以下「ジョンソン新党首」とす

る）が 9 万2,153票（得票率66.4%）で、対立候補のジェレミー・ハント外相の 4 万6,656票（同33.6%）の 2 倍近い票を獲得し勝利した（投票率87.4%）。翌24日にジョンソン新党首が女王に謁見し、新政権樹立の許諾を得て新首相に就任した（**図表 1 − 8**）。

　ジョンソン新党首は、勝利演説で、「10月31日にブレグジットを実現し、自分自身を再び信じ、眠りから覚めた巨人のように立ち上がり、自己不信やネガティブ性にとらわれないようにしよう」と呼びかけた。

　党首選でジョンソン新党首はハンコック保健相やリースモグ議員など、党内の残留派・離脱派双方からの支持を得たことで、筆頭候補の座から一度も落ちることなく、順調に勝ち上がった。ハント外相が、離脱合意形成が視野に入っているのであれば、10月31日の離脱期限を延長する構えがあるとした一方、ジョンソン新党首は、合意の有無に限らず離脱期限の順守を強調し、閣僚入りする際にはこのアプローチを受け入れることが条件という強硬なスタンスをとったことが勝因とされた。

　ただ合意なき離脱を辞さないジョンソン新党首に対し、主要閣僚の反発は大きかった。 7 月24日の夜には新主要閣僚が明らかになる予定だったにもかかわらず、（象徴的な意味合いで）ダンカン外務次官、ハモンド財務相、ゴーク司法相、スチュワート国際開発相ら閣僚の辞任（あるいは辞意表明）が相次いだ。

　合意なき離脱の受入れがジョンソン政権への入閣条件とされたため、当初、残留派を表明していた保守党議員のだれがどのポストに就くのか注目された。首相に次ぐナンバー 2 のポストである財務相には残留派から離脱派に転じたジャビド内務相が就任したが、これは合意なき離脱に伴う財政拡大も受け入れるという節操のなさが功を奏したとみられている。一方、親欧州派からは（直前に合意なき離脱の受入れを発表した）ラッド雇用・年金相以外は、主要閣僚としての入閣は実現しなかった。

図表1－8　2019年保守党党首選結果

項目	候補者締め切り	第一次投票 （議員投票）	第二次投票 （議員投票）
日付	6月10日	6月13日	6月18日
議員	ジョンソン元外相	114票	126票
議員	ハント外相	43票	46票
議員	ゴーブ環境相	37票	41票
議員	ジャビド内務相	23票	33票
議員	スチュワート国際開発相	19票	37票
議員	ラーブ元EU離脱相	27票	30票
議員	ハンコック保健相	20票	―
議員	レッドソム元院内総務	11票	―
議員	ハーパー元下院院内幹事長	10票	―
議員	マクベイ元雇用年金相	9票	―
詳細	8議員の推薦が立候補の要件	17議員の支持がなければ落選 ハンコック保健相は投票前に撤退表明	33議員の支持がなければ落選

（出所）　保守党ウェブサイトより大和総研作成

■ジョンソン新党首の特徴・キャラクター

　ジョンソン新党首は、イートン校を経て、オックスフォード大学を卒業したエスタブリッシュメント（支配階級）であり、英国の政治家には珍しく多言語を操る（フランス語、イタリア語も堪能）国際派として知られる。オックスフォード大学では古典を専攻し、これまでに数々の首相を出したオックスフォード大学雄弁会の会長を務めた。ぼさぼさの金髪がトレードマークであり、エリートらしからぬたたずまいに加え、豪快かつ温かみあふれるユーモアで知られるキャラクターは、保守党党員をはじめ庶民にも抜群の人気がある。その一方で首相就任という目標達成に向け、政治信条を曲げることをいとわない野心家という側面がある。非常に優秀でありながらも、勤勉さに欠け、詳細な事実把握、綿密な計画ができないことも度々指摘されている。英

第三／四次投票 （議員投票）	第五次投票 （議員投票）	決選投票 （保守党党員投票）
6月19日／20日	7月20日	7月23日
143票／157票	160票	92, 513票
53票／59票	77票	46, 656票
51票／61票	75票	—
38票／34票	—	—
27票／	—	—
—	—	—
—	—	—
—	—	—
—	—	—
—	—	—
最終候補が2人になるまで投票実施		党員の過半数獲得が当選要件

国版トランプ大統領との評価も多いが、政治家としてのキャリアは長く、政治経験ゼロのトランプ大統領とは大きく異なる。ジョンソン新党首はジャーナリストとして活動後、保守党擁立候補となり2001年の総選挙より政界入りする。その後、議員を辞して2008年5月のロンドン市長選に出馬し当選、2期目となる2012年にも再選された。ところが任期中の2015年総選挙に際し、ロンドン市長を辞任し、国政に復帰した。

　党首選にあたり、ジョンソン新党首は新たな離脱合意をEUから取り付けるか、10月31日に合意なき離脱をすることを公約した。ただし、議会はメイ元首相の離脱合意案を否決し、合意なき離脱の不支持を表明し、EUは離脱協定の再交渉を拒否していた。常識的に考えれば、公約実施はほぼ不可能と思われたが、ジョンソン新党首陣営が何かしらの奇策をとるのではないかと

の懸念がつきまとった。

■ジョンソン首相の奇策（9月2週目から約5週間の議会停会）

　8月28日、ジョンソン首相は9月9日の週から約5週間、議会を停会（プロロゲーション：【英】Prorogation）する方針を発表した。議会会期を終え、10月14日に新たな議会会期の開始を意味する女王の施政方針演説を行うことをエリザベス女王に要請し承認されたため、午後には正式に停会が決定した。女王は政治的に中立な立場を保つため、政府の要請をそのまま受け入れた格好だ。

　ジョンソン首相の停会のタイミングはかなり計画性が高いものと思われた。もともと議会は9月3日に開会され約2週間の審議の後、党大会シーズンを迎えるため、9月中旬から約3週間の休会に入る予定だった。10月31日の離脱期限をまたぐかたちで停会すれば、憲政を揺るがす事態となることをジョンソン首相は理解していた。このため、当初の休会の期間を若干延ばしたようなタイミングでかつ、離脱期限まで数週間残しておけば、議会の反対を押し切って離脱日を迎えるという批判をかわすことができる。

　無論、この停会で議会での審議時間が限られるため、合意なき離脱を回避するための法案通過はむずかしくなることは明らかであった。合意なき離脱に反対する超党派の議員たちは、前日の8月27日に不信任決議の提出ではなく、ジョンソン政権に対し離脱期限の延期要請を行わせるための法案可決によって合意なき離脱を阻止することで合意したばかりであった。これら超党派の議員は4月に議案決定権を握り、EU離脱法に関連した改正案のかたちで、わずか3日の審議で離脱延期をメイ首相（当時）に強いる法制化を行った。議員らは今回も同様の戦術をとろうとしていたわけだが、そのタイミングでの停会決定は、まさに不意をつかれたかたちとなった。政府が審議日数を減らし離脱期限までになんらの法案をも提出しなければ、超党派議員の戦術は無効となってしまうためである。

■野党は合意なき離脱を阻止する法案を可決させて抵抗

（保守党は牛歩戦術で対抗するも最後は断念）

　夏季休会の後、9月3日に再開された英国議会では、超党派の議員が、9月4日の議会における議事進行の主導権を握り、合意なき離脱を阻止する法案を提出することに向けた動議を提出した。同動議は、即日採決となり27票差（賛成328票対反対301票）で可決された。10月31日に何があろうともブレグジットを実現すると公約していたジョンソン政権は屈辱的な敗北を喫し、最悪のスタートを切った。なお、合意なき離脱を阻止するため、10月19日までに新たな合意が議会でされるか、合意なき離脱を支持する採決が可決されなければ、2020年1月31日まで離脱期限を延期することを政府に強いるのが法案の主眼であった。

　ジョンソン首相が9月2日の声明で、合意なき離脱阻止を目指す法案を支持する保守党の造反議員は、次期選挙で離党扱いにすると警告していたにもかかわらず、保守党21議員が造反し、賛成票を投じた。採決に先駆け、閣僚経験者である保守党のフィリップ・リー議員が、与党側から野党側へと席を移動した。保守党を離党し、野党の自由民主党への移籍を決めたためである。これにより与党保守党と閣外協力にある民主統一党（DUP）の議席数（合わせて320議席）は、わずか1議席差であった議会過半数を失うこととなった。英国では（閣外協力や連立を組まず）過半数を割ったままの少数与党政権が過去に誕生している。直近の例では、1974年2〜10月まで続いた労働党のウィルソン政権であるが、長期的な政権とはみなされておらず、政権発足からわずか約7カ月後にやり直し選挙が行われている。

　また9月4日、同法案は、28票差（賛成327票対反対299票）をもって下院で可決され、上院の審議へ回ることになった。英国上院は合意なき離脱を否定している労働党と自由民主党によって過半数が形成されていた。ただし、ジョンソン政権を支持する保守党強硬離脱派の上院議員が審議の進行を妨げる姿勢を示しているため、同法案が法制化されるか危ぶまれた。特に9月9日以降の停会までに承認されなければ、（同法案も含めて）すべての審議中の

法案が廃案になるため、上院は残された日数で同法案を承認しなければならなかった。保守党強硬離脱派の上院議員は延期法案の審議に時間をかけ、停会前に同法案が成立するのを防ごうと80以上の改正案を用意していたという。夜を徹して妨害工作をし、同法案が9月5日、6日で上院審議、採決されるのを阻止しようとしていた。日本の牛歩戦術に相当するもので知られるのは"Filibuster"という手法で、延々と演説を続けるというものがある。21世紀での最長は2005年12月に労働党のディスモア議員が3時間17分話し続けた記録がある（過去最長は1828年の6時間連続）。無論、それに対抗するかたちで、労働党のスミス上院議員は、9月6日の午後5時までにすべての同法案の審議を終えるようにする（最長14時間で上院審議を終える）動議を提出するなどして抵抗した。最後は牛歩戦術を続けてきた保守党の上院議員らも、9月5日の深夜1時半にこれを断念し、EU離脱期限を延期する法案の審議を9月6日の午後5時までに終了させることを合意した。

　また同法案の下院可決を受けて、ジョンソン首相は総選挙を求める動議の提出にも踏み切っている。ただ、同動議も即日採決されたものの、可決に必要な下院議員の3分の2以上の賛成に足りず、可決には至らなかった（賛成298票対反対56票）。首相は立て続けに屈辱的な敗北を喫した。ジョンソン首相の解散総選挙を求める動議提出を受け、労働党のコービン党首は首相のブレグジット戦略はからっぽだと批判した。そして、法制化を完了することで合意なき離脱の可能性を完全に排除してから、（11月以降の）総選挙に挑むべきと主張した。

　労働党がここまで、離脱日前の総選挙を阻止しようとした理由として、ジョンソン首相が今回可決された離脱期限の延期を求める法律を受け入れた後、離脱日前に解散総選挙を強行し保守党が過半数を握れば、同法律を離脱日前に廃止することが可能だったからである。つまり、保守党が10月末に離脱することが選挙公約にあったことを盾に、法律を強制的に廃止することが考えられたため、労働党が解散総選挙を承認することはむずかしかった。

■最高裁が停会を無効とする判決を下す

　停会を阻止するためには、停会の合法性をめぐる司法の判断を仰ぐといった選択肢もあった。実際、合意なき離脱を阻止するためにも、その合法性について訴訟を起こす動きはすでに始まっていた。裁判所への異議申立てを急いでいる議員や、民事控訴院にて停会に対する差止命令を求めることを検討している議員の動きもあった。

　停会は国王大権だが、実際には政府の助言があるときのみ、その権利が行使されている。しかし、国内施策導入のためという理由で、5週間という異例の長さの停会が決定されたことに対し、首相の意のままに（理由や期間）できるものなのかという議論が飛び交っていた。このため、英国内の裁判所（イングランド、ウェールズ、スコットランドおよび北アイルランド）で、その合法性を問う訴訟が展開された。その後、停会の合法性をめぐる訴訟では、9月16日の週に3日間にわたり最高裁でイングランドおよびスコットランドで行われた異なる訴訟から生じた訴えについての審問が行われた。最高裁はイングランド高裁での判決（停会は純粋に政治的な問題のため司法の範疇ではない）と、スコットランド控訴院での判決（停会は違法であり、議会での審議を阻害するために決定された）という真っ向から異なる2つの判決に対する控訴を取り扱うことになった。

　9月24日、最高裁は離脱期限前の10月14日まで5週間にわたり議会を停会とするジョンソン首相の決定を、議会妨害の効果があったとして、全会一致で違法と判断した。これにより、停会は無効であるとの判決も下した。この判決によって政府側の完全敗訴が決定し、英国の首相が、最高裁によって、国家の危機時に不当に議会を停会したと判断されるという、法的にも政治的にも歴史的な結果となった。

　これにより、女王への助言や、枢密院への停会の命令が無効とされたため、議会がそもそも停会されなかったと判断された。翌25日、議会は直ちに召集されることとなり、何があろうと10月31日のEU離脱を目指すジョンソン首相にとっては大打撃の結果となった。

■遂に解散総選挙の前倒しが可決（2020年1月31日までの再々延期が決定）

　その後、10月に入り、ジョンソン首相がEUと合意した新離脱協定案（第2章参照）をめぐり、議論が紛糾した。さらに10月21日に、バーコウ議長は、新離脱合意の下院採決（意味のある投票）を認めなかったため、ジョンソン首相は先に離脱合意を法制化する離脱協定法案（Withdraw agreement bill）の採決を行う方針に転換した。10月22日の第二読会[13]での同法案の採決では、賛成329票対反対299票で可決された。しかし、続いて行われた、110ページに及ぶ同法案をわずか3日の審議で下院を通過させるプログラム動議（同法案の審議を大幅に短縮する内容）の採決は賛成308票対反対322票で否決された。これにより審議日程の短縮は不可能となり、ジョンソン首相が執着していた、期限内の合意ありの離脱がほぼ絶望的となった。

　ジョンソン首相は、離脱協定法案採決の開始前には、議会がその審議日程を短縮する政府案に反対するようであれば、法案自体を廃案にし、総選挙に打って出る用意があると警告していた。ただプログラム動議が否決された後の演説で、EU側が離脱期限の延期を決定するまでは、当該法案の審議中断を明言するにとどまった。ジョンソン首相は、合意なき離脱の緊急対策を加速させ、EU側からの延期要請があれば、英国政府が今後の対応を判断すると述べるにとどめた。

　10月28日には、ジョンソン首相が提出した総選挙の前倒しを求める動議は、賛成299票対反対70票で議会の3分の2に135票足りず、可決されなかった。これを受けて、ジョンソン首相は12月12日に総選挙を実施する旨の法制化（早期総選挙法）を行うと発表した。同法案可決には単純過半数でよいため、自由民主党およびSNPがブレグジット阻止の最善策として総選挙前倒しの支持を表明していることから、労働党が支持しなくても可決される可能

13　下院での法案審議は法案提出に当たる第一読会に続き、法案の趣旨に関する賛否を問う第二読会採決がある。法案が第二読会を通過しただけでは、可決とはいえず、その後、逐条審査の委員会ステージや、委員会報告を受けて修正案が採決され、第三読会で可決し法として成立する。

性があった。またEUは、同28日英国の要請に基づき、離脱日を2020年1月31日まで「フレクステンション（離脱期限までに離脱協定が承認されれば、その時点で離脱可能な柔軟な延期）」で延期することを承認したと発表した。労働党のコービン党首はこのEUの延期承認を受け合意なき離脱が2020年1月31日までは排除されたとして、一転して総選挙支持に転向していった。

そして遂に10月30日に、早期総選挙法案の採決が行われ、賛成438票対反対20票の大差で可決し、国民投票後の2回目の総選挙の実施が決定した[14]。

当初の予定どおり、総選挙日は12月12日となり、11月6日に議会が解散された。ただ労働党議員のなかには、ブレグジットをめぐる対立は国民投票でのみ解決できると考え、総選挙のタイミングに疑念を抱く者もいた。同党の100議員以上が法案採決を棄権しており、支持したのはコービン党首を含む127議員にとどまった。

10月31日に議長退任の意向を示していたバーコウ議長は、総選挙終了までその座にとどまると前言を撤回した。総選挙法案の最終可決後（第三読会の採決後）、1922年委員会で開かれた会合で、ジョンソン首相は国を一つにして、ブレグジットを実現する時だと演説した。また、ブレグジットをめぐり公認取消しとした21議員のうち、10議員についてはこれを無効とし、保守党候補として選挙に挑むことを認めた。

14　16歳からの投票や、EU市民の投票参加などの厄介な修正案は選択されず、12月12日を12月9日とする修正案も否決された（労働党が12日では大学生が冬休みのために帰省し、選挙人登録した住所から離れることになるとの懸念から9日へと修正しようとしたが315票対295票でこの変更は否決された）。

4 保守党総選挙の大勝の背景

COLUMN

タックスマンがやってくる？

ビートルズの"タックスマン"という曲をご存知だろうか？

1966年に発表された名盤リボルバーに収録された一曲である。歌詞の内容は、

「いくら稼いでも（95％課税されて）給料の５％しかあげません。車で走ったら"交通税"、道を歩いたら"歩行税"、椅子に座ったら"着席税"も課税します。だって私は税務官（タックスマン）だから」

と、当時の英国の高税率を風刺した曲である（後半には、当時の労働党ウィルソン首相の名前を叫ぶコーラスも出てくる）。

1960～1970年代の労働党政権下、高所得者を対象に最大83％（投資所得課税を含めると最高98％）まで所得税率が引き上げられたため、ロックスターの多くが、アンチ重税の曲を発表している。筆者が愛する英ロックバンド、キンクスの"サニー・アフタヌーン"（1966年発表）も同様に、タックスマンにすべてを徴収され手元に残ったのは晴れた午後だけと嘆く男の歌である（彼らの代表曲"ウォータールー・サンセット"に出てくる、ウォータールー駅を通勤に利用しているのは私の密かな自慢だ）。

ただし、この高税率を課されたミュージシャンや芸能人、企業経営者など多くの富裕層は、節税対策のためこぞって英国から脱出した。ビートルズのメンバーはもちろん、ローリング・ストーンズのメンバーなど、多くのロックスターが近隣のスイスやフランスなどに逃げるように移住した。それを知った筆者は、庶民や若者の心を代弁するはずのロックスターが、実は節税対策に熱心だったことに気づかされ、がっかりした思い出がある。

ところが、この高所得者向けの課税強化が復活する兆しがあった。2019年12月12日に実施される総選挙に向け発表された労働党のマニフェストによれば、年収8万ポンド（約1,100万円）以上の英国民のトップ5％に該当する高所得者に所得税率45％が課され、さらに年収が上がると基礎控除の削減などから実質的に最高税率が67.5％となる場合もあるという。

　労働党のコービン党首（当時）は"歩くソビエト連邦"の異名をとり、富裕層向けの課税強化だけでなく、大規模な公共投資や、鉄道、エネルギー、郵便事業（Royal Mail）の再国営化など、過激な社会改革プログラムを唱えていた。これでは、まさに英国の社会主義への傾斜が鮮明となるだろう。

　一方、ジョンソン首相率いる保守党は、さんざん批判されながらも9年間続けた緊縮財政から、財政拡大に舵を切るとマニフェストで発表していた。ただし財政拡大の規模が小さいと、さらに批判する論調も多く、これでは両党のどちらがましかわからなくなる。

　当時は直前まで、世論調査で保守党の優勢が伝えられているものの、労働党もじりじりと支持率を追い上げてきていた。仮に労働党が政権を握っていたとしたら、今度は現代のスターであるエド・シーランあたりが高税率に反発し、新曲でコービン首相の名前を絶叫したのだろうか？

■極端すぎた労働党の政策

　総選挙で英金融街シティが最も警戒していたシナリオは、離脱をめぐる保守党内での分裂により票が割れ、コービン党首率いる労働党政権誕生であった。コービン党首が掲げるのは、鉄道や電力等の公共事業の再国有化や、格差解消のための大学教育の無償化など、前時代的な社会主義政策に近いものである。コービン政権が誕生すれば、これら政策を実現するために、財政拡大に転じることは自明であり、まずはインフラ公共投資に着手することで、最初は経済成長を招くとの指摘もあるが、その反動として大きな財政赤字拡大を伴うことが警戒されていた。財政赤字拡大によりインフレ率急騰の懸念が高まり、国債需要が低迷することが警戒され、不確実性が高い長期国債の

価格は下落するといわれていた。

　さらに、コービン党首が折に触れて言及している富裕税の導入も警戒されていた。労働党の2017年マニフェストでは年収8万ポンド以上の層に対する所得税率を45％にすると掲げていた（課税対象全体の5％）。富裕層をそれほど脅かす内容ではないが、富裕税の基本的な考え方は、実現益がない不動産や株式、アンティーク家具などでも、保有しているだけで毎年多額の納税義務が発生するというものである。すでに英国の富裕層には警戒して海外に資産を移し始めるといった動きもみられていた。富裕税はフランスの例でもみられたように富裕層の流出を招き、結果として国の歳入減を呼ぶとの懸念がある。コービン政権の不確実性は、企業や投資家の懸念を招き、資産の国外逃避や英国債利回りの高騰につながるとの指摘が絶えなかった。

■主要政党のマニフェスト

　総選挙では、各政党ともブレグジットの方針を中心にマニフェストを組み立て、そのうえで国民保健サービス（NHS）や移民、気候変動への取組みなど多岐にわたる内容で支持者からの票を取り込もうとした（**図表1－9**）。

　保守党のマニフェストには、9年間に及ぶ緊縮財政の終了というサプライズだけでなく、2020年1月末にブレグジットを実現し、EUとの通商協定交渉に移ること、そして2020年末に期限を迎える移行期間を延長しないことが明記された。通商協定が2020年末までに締結されなければ、合意なき離脱の危険性が再び浮上することになった。移行期間は、本来ならば2022年末まで延長できる。それには2020年7月時点で延長申請を行わなければならないが、保守党はこの可能性をあらかじめ否定していた。ただし通商協定は合意に至るまで通常数年かかるため、通商協定の専門家からは、残りわずか8カ月間で協定の交渉から批准に持ち込むのは非現実的との指摘も多かった。そのうえ、欧州議会の承認のみが求められる離脱協定とは違い、EU加盟各国の議会の承認も必要となる。各国議会は政府に比べ協定内容について細かい要求をしてくることが予想され、批准に向け多くの妥協を余儀なくされるこ

図表1－9　2019年英国総選挙の主要政党のマニフェスト要旨

項目	保守党	労働党	自由民主党
ブレグジット	離脱：ジョンソン首相が獲得した離脱合意に基づき、2020年1月末に離脱する。移行期間の延長はしない。カナダ方式の通商協定締結を目指す。	国民投票：新たな離脱合意を3カ月以内の交渉で獲得。合意獲得から6カ月以内にこの合意に基づく離脱か、残留かについて国民投票を実施。	残留：50条行使を無効化し、ブレグジットを中止する。残留による経済拡大で得られる500億ポンドを公共サービスや格差対策に投資する。
財政	歳出拡大：次期議会会期の半ばまでに均衡財政を達成。公的部門純投資を対GDP比で3％上限まで拡大し、年間約220億ポンドの追加資本支出。	歳出拡大：均衡財政を目指すが、次期議会会期を通じ公的部門純投資を増大。年間約550億ポンドの追加資本支出。鉄道、エネルギーや上下水道企業、Royal Mailの再国営化。	財政均衡：今後5年間で資本支出を1,300億ポンド拡大。年間公的支出を630億ポンド拡大するが同時に財政均衡も目指す。
移民	抑制：移民純流入数の年間目標数は設定せず、オーストラリアのようなポイント制を導入し高スキル人材を歓迎する一方で、低スキル人材の流入を抑制。	寛容：国民投票で残留となれば移動の自由を維持。離脱なら離脱合意で交渉。特定セクターでの労働者不足を補うための労働許可の改変。	寛容：ブレグジットを阻止し、EU市民の移動の自由を維持。年間移民数の目標設定はしない。
税制	凍結／減税：相続税、所得税、法人税、社会保険料およびVATの凍結。社会保険料徴収の閾値を年間9,500ポンドに引上げ。	増税：年収8万ポンド以上に対し新たな所得税率導入。超富裕層対象の税率は年収12.5万ポンドから適用。金融取引税の対象拡大。	増税：すべての所得税率に1％追加、公的支出拡大とのバランスをとるため、630億ポンドの増税。法人税を20％に戻す。
気候変動	緩慢な対応：2050年までに排出実質ゼロを達成。	迅速に対応：2030年代に排出ゼロ達成に向けた軌道に乗る（2030年までに炭素排出量の大部分削減を達成）。	中道：2030年までに再生可能エネルギーで発電量の80％をまかない、排出削減に努める。
社会保障	現状維持：自宅売却をしてケア費用を捻出するような事態を回避（社会ケアの危機的状況の改善）。	庶民寄り：医療予算を4.3％拡大。民間セクターによるNHSサービスの提供を廃止。産休・育休の長期化。	庶民寄り：2～4歳の全児童に週35時間、年間48週の無償保育を提供（就労世帯であれば9カ月から無償保育提供）。
教育	庶民寄り：大学の学費凍結。学生ローンの金利見直し。教師の初任給を3万ポンドに引上げ。	庶民寄り：高等教育の学費廃止、貧困層を対象とした生活費奨学金の復活。	庶民寄り：追加で年間106億ポンド拠出し、次期会期末までに教師を2万人増員。

（出所）　各党マニフェストより大和総研作成

とが予想された。移行期間の延長は不可避というのが大勢の見方であっただけに、保守党が政権を握ったいま、どこまで公約を守れるかが注目されていた。一方、労働党のブレグジットの方針は、新たな離脱合意交渉に3カ月、その結果を6カ月以内で国民投票にかけ、残留か離脱かの決着をつけることであった。鉄道や水道などの主要公共事業の国有化や、大学の学費無償化、富裕層への大幅増税など社会主義的な改革を目指すことなども主要項目に並べていた。

また自由民主党は当初、保守党も労働党も英国に破綻を招く財政拡大を公約していると批判を展開していた。ただ同党のマニフェストからは、保守党や労働党と競り合うかのように、公的債務の借入れを積極化し、5年間で1,300億ポンドもの追加支出を掲げていた。公的支出拡大とのバランスをとるため、同時に増税が予定されているものの、財政均衡よりも財政拡大を重視している姿勢は明らかであった（**図表1-10**）。

主要政党のすべてが財政拡大を打ち出して争われる選挙は1960年代のウィルソン首相が選出された時以来、約50年ぶりという珍しい状況となった。

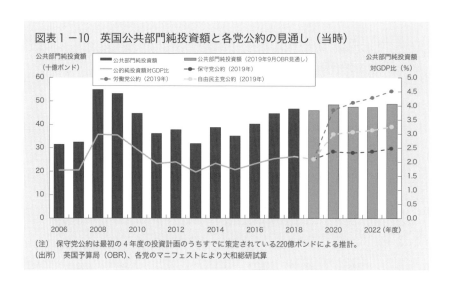

図表1-10　英国公共部門純投資額と各党公約の見通し（当時）

（注）　保守党公約は最初の4年度の投資計画のうちすでに策定されている220ポンドによる推計。
（出所）　英国予算局（OBR）、各党のマニフェストにより大和総研試算

■2019年12月12日の英国総選挙結果（ジョンソン首相の賭けは的中）

　12月12日に実施された英国総選挙は、英国時間午後10時より即日開票が行われた。その結果ジョンソン首相率いる保守党が365議席と労働党の202議席を大きく引き離し、安定過半数（過半数は326議席）を獲得した（**図表１－11**）。

　離脱期限間近に、総選挙に打って出るというジョンソン首相の賭けは見事に的中したといえる。これでブレグジット関連法案に関する重要採決は、野党や保守党内の残留派議員に妨害されず可決することができるようになった。

　ここまで議席差数の多い過半数獲得は、1980年代のサッチャー政権以来の大勝利であった。対照的に、最大野党の労働党は当初想定されていたより大幅に議席を減少させ、戦後最悪の大敗となった。労働党のコービン党首は、次回選挙では党首として挑まないとし、引責辞任する考えを示した。この総選挙で保守党支持に切り替えた労働党支持者は、ブレグジットに決着をつけたいと考えるだけでなく、コービン党首を首相にはできないとの判断を下した可能性が高かった。急進左派のコービン党首が旧態依然の社会主義に傾斜した政策が、労働党を崩壊させたとの声も多かった。議会のこう着状態により、ブレグジット実現が進まない状況に対する離脱派有権者の怒りは強く、

図表１－11　2019年12月12日英国総選挙の結果

政党名	前回選挙（2017年6月8日）の獲得議席数	解散時（2019年11月6日）の議席数	今回選挙（2019年12月12日）の獲得議席数
保守党	317	298	365
労働党	262	243	202
自由民主党	12	21	11
スコットランド国民党（SNP）	35	35	48
その他	24	53	24
合計		650	

（出所）　英国選挙委員会、BBCより大和総研作成

労働党以外に票を投じたことがない熱心な支持者も、今回は保守党支持に転換したとみられた。選挙戦中盤から失速した自由民主党は11議席と、当初期待された議席拡大どころか、むしろ議席を減らす結果となった。さらにスインソン党首もわずか149票差で落選の憂き目にあい、現職党首の落選、最速での党首辞任と、衝撃的な結果であった。注目すべきは、スコットランド国民党（SNP）の大幅議席増であろう。SNPがスコットランド選挙区の議席のほとんどを獲得したことで、スタージョン党首は独立を求め2回目の住民投票の実施を強固に主張した。

　1年前までバックベンチャー（平議員）であったジョンソン首相は、ギャンブルとみられた総選挙の圧勝で長期政権がほぼ確定的となり、歴史に名を刻むこととなる。議会会期終了までの向こう5年間ジョンソン政権は安泰であり、すでに次の選挙での勝利までを予想する向きも多かった。ジョンソン首相は安定過半数を武器にブレグジットを思いどおりに進めていくことができるようになるが、スコットランドや北アイルランドの残留派が主流の地域の有権者にとっては受け入れがたい結果であったといっても過言ではない。

第2章

ブレグジット後の
通商協定の見通し

離脱を決定づけた ジョンソン首相の新離脱協定案
（2020年1月31日、遂に離脱が実現）

COLUMN
ブレグジットで揺れたアイルランド島への訪問

　ブレグジット以降、英国歴史上、最も注目されているアイルランド島を訪れる機会があった。アイルランド島は12世紀からイングランドの植民地であり、英国に長らく併合されていた。ただ17世紀以降はイングランド支配に対する激しい反乱を起こし、独立戦争を経て北部6州（現在の北アイルランド）を除く南部26州が1922年に英国から分離した後に、アイルランドとして建国に至った。ただし1960年代以降、北アイルランドでは英国統治を望むプロテスタント系住民と、アイルランドへの併合を望むカトリック系住民（IRA）の対立が激化し、市街地でのテロを含む激しい宗教戦争（内戦）が続いた歴史がある。その後、武装解除や両派による共同統治を規定した1998年のベルファスト合意によって、ようやく事態は収拾に向かった。ただ戦争が終わったのはたった20年前の出来事だ。

　共同統治の一環として、共生を図るために、北アイルランドとアイルランドとの国境は、通関検査や入国審査のポイントがなく、人とモノとが自由に往来できるソフトボーダーとなっている。つまり国境にはフェンスなど何も遮るものがない。すなわち、EUから離脱しても、自由に両国民が往来でき、モノも無税で輸出入できる抜け穴となることがわかっている。もともと、アイルランドと英国はCTA（共通旅行区域）制度をとり、二国間の往来については国境を開放した状態にある。そのためブレグジット後には、通関や入国審査、すなわちハードボーダーの復活が必要になる。

　国境線での移民の取締りや税関設置などの対策が迫られるため、移民入国の管理強化とCTAを両立できるかはむずかしいといわれている。北アイルラ

ンド紛争後、EUは和平を進めるプログラムを何度も導入しているが、国境管理が実施されるようになれば、再度、緊張が高まる可能性もある。ようやく終わった北アイルランドとの戦争が再開され、和平を脅かすと懸念されていた。フランスでテロが頻発した時、次はロンドンも危ないのかなどと英国人と雑談していると"全然不思議ではないよ、IRA（アイルランド共和軍）のテロがロンドンでも起こっていたのは、つい最近だからね"と彼が真顔になった時は、身が引き締まった。

　車で走っていた時には国境に気づかなかったものの、そのインフラは北アイルランドと比べものにならないぐらい整備されている。北アイルランドの荒れた道路からアイルランドに入ると、その違いは一目瞭然である。それもそのはず、アイルランドといえば、リーマン・ショック後、中国やインドを上回る驚異的な経済成長をみせた国でもある（2008年の金融危機の際は、住宅バブルが崩壊し巨額の不良債権を抱える銀行を政府が救済するなど破綻国家というイメージが強い）。高成長の要因は、金融危機後の迅速な緊縮財政の導入が功を奏したことや、圧倒的に低い法人税で外資誘致に成功したことなどがあげられる。さらに首都ダブリンは、ブレグジットでEUパスポートが失われた英国からの金融機関の移動も多く、ロンドンにかわる新たな金融ハブとしても注目されている。

　なお、北アイルランドで買い物をした時におつりでもらったポンド札はこれまでみたことがないものであった。北アイルランドとスコットランドはいまだに英国中央銀行（BOE）に通貨発行権を渡していないため、両地域ではアルスター銀行やRBSなど通貨発行権をもつ銀行がそれぞれ北アイルランドポンド、スコットランドポンド紙幣を発行して流通させている。この紙幣は、一応、イングランドでも使えるが、法定通貨ではないため店によっては受取拒否されることも多い。その一方、英国では2016年9月13日より新5ポンド札の流通が開始された。新札は透明なプラスチックフィルム（ポリマー）でできており、偽造防止にも役立つとされ、汚れに強く耐水性があり、手で触ると従来の紙幣と明らかに違うことがわかる（その後、2017年に

は10ポンド札、2020年には20ポンド札もそれぞれ新しいデザインでポリマー札に刷新された）。スコットランドでもイングランドに若干遅れてポリマーの５ポンド札が発行されたが、財政に余裕のない北アイルランドでは相当の初期費用が必要になるポリマー札導入の予定はないとのこと。ブレグジットに伴い、EUからの直接の補助金も期待できなくなる北アイルランドに、アイルランドとの国境管理が加われば、泣き面に蜂である。

■バックストップの問題点

アイルランドの国境問題を解決すべく、2020年12月末までに英国とEUが通商協定を締結できず、移行期間が終了しても、アイルランド島内のハードボーダーを回避するための解決策が見つからないときの「保険」として、バックストップが考案された。バックストップとは、2020年末の移行期間終了後も、英国とEUとの貿易協定が締結されなかった場合、北アイルランドを含む英国全土を関税同盟に残留させ、国境上の通関検査を不要にし、いままでどおりEUとの財の自由な輸出入を確保する安全策である。こうなればハードボーダーも回避され、離脱後もドーバー海峡での長い通関手続待ちを回避することになる。

非常に良い話に聞こえる半面、英国が譲れない問題があった。このバックストップでは、北アイルランドのみがEU単一市場域内に残ることが規定されている。これにより、工業製品や環境、農産品等に関するEU規則が北アイルランドにも適用される。これは英国が北アイルランドの領有権を維持するものの、主権の一部をEU側に渡すことを意味する。イメージでは、第二次世界大戦後から、1972（昭和47）年に返還されるまでの沖縄に近い状況だろう（当時の沖縄は日本からの往来はパスポートが必要であった。英国本土から北アイルランドに渡る際は、パスポートが必要になることも懸念されていた）。英国への帰属維持を主張する（当時保守党と閣外協力関係にあった）民主統一党（DUP）にはどうしても受け入れがたい取決めといっても過言ではなかった。また関税同盟に残留すれば英国独自の通商政策をとることができないと

して、強硬離脱派も反対していた。さらにハードボーダーを回避する解決策ができるまでという条件のため、明確な（バックストップの）終了期限が設定されておらず、ブレグジットが恒久的に阻害されるおそれや、バックストップの終了には英国だけでなくEUの合意（英国の意向で終了することができない）が必要という点も懸念されていた。

■バックストップの解決策をEUとジョンソン首相が新離脱協定案で合意

その後、ようやく2019年10月17日に、英国のEU離脱をめぐる新離脱協定案がジョンソン首相率いる英国政府とEU間で合意された。

新離脱協定案の主眼は、EUが提案したバックストップを完全削除することであった。

新離脱協定案では、これまでの争点となってきた北アイルランドが、2020年末の移行期間終了後からさらに4年後の2025年まで、（終了期間を設定し）事実上EU単一市場に残留し、農産物・食料品や工業品を含む全製品においてEU規制を順守するものの、英国の関税領域に残留することとした（英国全土がEUの関税同盟から離脱するため、北アイルランドとアイルランド（EU）との間に関税国境を引いた）。北アイルランドにおける製品規制はEUに準拠するため、アイルランド島内で財が移動する場合でも規制検査が排除される。島内で規制面での整合性が保たれる一方、関税同盟から抜けることで前回の（メイ元首相が獲得した）離脱合意案と違い、英国が将来的に独自の通商協定を策定することができ、締結した通商協定策定の恩恵を北アイルランドも享受できることになる。さらに北アイルランド政府と議会がこの措置導入後、4年ごとに継続を検討する機会が設置されている（北アイルランド政府と議会に、単一市場からの離脱を選択できるオプションが用意されている）。つまり、アイルランド島は移行期間およびその終了後も、北アイルランド議会が合意する限り、EU単一市場に残留することができる。

■最大の問題点は通関が復活すること

EU規制と英国のルールのどちらに従っていくか、北アイルランド側に決定権が付与されているため、DUPは賛成に転じるものとみられた。北アイルランド政府および議会が承認すれば、EU単一市場に残留する期間は延長される。なお、その延長するメカニズムは明らかになっていない（そもそも北アイルランド議会はDUPとシン・フェイン党の対立により、2017年より開会されていなかったという問題もあった）。

ただし、この離脱協定案による最大の懸念は、北アイルランド国境で、実質上の国境が引かれることになることである。アイルランド島でのハードボーダーを回避するため、北アイルランドに財が入った時点で通関検査されることになる[15]（図表2－1）。

EU（特にアイルランド）はアイルランド島内の交易を妨げるプロセスとなる通関の実施は、受け入れられないというスタンスを貫いている。これには、過去のアイルランド島の凄惨な歴史的背景が大きい。北アイルランド[16]では、1960年代以降、英国統治を望むプロテスタント系住民（統一派、ユニオニスト）とアイルランドへの併合を望むカトリック系住民（独立派、ナショナリスト）間での対立が激化し、市街地でのテロを含む激しい武力闘争が続いた（国境検問所などのインフラは、しばしば攻撃の対象になった）。紛争がようやく収束に向かったのは、1998年のベルファスト合意によってである。北アイルランドの帰属を将来的に住民に委ね、武装解除や両派による共同統治が規定された。和平（共同統治）のシンボルとして、北アイルランドとアイルランドとの国境は、通関検査やフェンスなどがなく、人とモノが自由に往

15　ただし、英国から北アイルランドに財が入った時点で関税が自動的に支払われるのではない。その後、当該財がアイルランド（およびEU）に移動する可能性がある場合には関税を払う（北アイルランドが最終仕向地になる場合はEU関税を還付）。

16　アイルランド島は12世紀にイングランドに征服され、17世紀以降は、イングランド支配に対する反乱と激しい弾圧が繰り返された。その後、1921年の独立戦争を経て、北部6州は北アイルランドとして英国の直接統治下にとどまり、それ以外は、アイルランド共和国（当時はアイルランド自由国）として独立した。

図表2-1 新たな離脱合意における関税およびVAT（付加価値税）の例

◆英国から北アイルランドに製品が入った時点でEU関税が賦課。英国政府はEUにかわって関税徴収の義務を負う。
◆この製品がアイルランドに向かうという可能性がある場合にのみ、関税が賦課される。
◆最終仕向地が北アイルランドの場合、関税は還付される。
◆北アイルランドにはEUの単一市場との整合性を維持するため、EUのVAT規則が適用される。
◆英国がEUのVAT規則にそぐわない変更をした場合、この変更は北アイルランドに適用されない。

（出所）　http://www.freeusandworldmaps.com/html/Countries/EuropeanCountries.htmlより大和総研作成

来できるソフトボーダーとなっている。新離脱協定案では、国境から離れた
ところとはいえ、通関申告書や立入検査が導入されることとなる。また通関
検査のほかに、規制上の国境がアイリッシュ海に引かれることになり、北ア
イルランドに二重の国境が生じることへの懸念も大きかった。

英国政府は、アイルランド島内の交易は英国・EU間の財貿易の１％超にすぎないため、異なる方法での国境管理は実現可能であると主張した。そのうえで移行期間終了までに通関ルールを簡素化、また改善する必要性を指摘した。すべての通関プロセスは英国およびEUの通関体制に準拠し、書類は電子的に処理され、ごくわずかな物理的な検査を事業者のサイト、あるいはサプライチェーンの地点で行うことを提案した。第三国からの輸入品は、EUおよび英国の通関当局がコントロールするため、EU単一市場および英国市場で生じうるどのようなリスクも対処可能であるという。ただ、具体的な通関の実施方法に関する詳細は、今回の離脱協定案に含まれていない。輸送状況をGPSで追跡するような技術の実現、信頼できる認定事業者や、中小零細企業の通関免除など、協定案のアイデアの多くは、過去、虚偽申告や密輸の可能性が高いなどを理由に、何度もEU側から却下されたものである。

　なお、最後まで交渉が難航したのは、北アイルランドでのVAT（付加価値税）の扱いだった。最終的に英国がVATを徴収し、執行に向けた義務を負うが、EU規則に従うシステムになり、英国とEUの代表から構成される共同委員会がこのシステムを監督する。英国がEUのVAT規則にそぐわない変更をした場合、北アイルランドではこの変更が適用されないことになる[17]。

　ジョンソン首相は当初、VATについて英国の規則適用を求めていたため、EU規則となった時点で、DUPが、一転して不支持を決めたといわれている。また、あたかも新しい離脱協定案が合意されたかのように喧伝されたが、実際にはメイ元首相の離脱協定案が完全に反故になったわけではなく、単なる修正にとどまっているとの指摘もあった。このため、メイ元首相の離脱協定案に反対してきた労働党、自由民主党はもとより、EUからの明確な離脱を目指すブレグジット党のファラージ党首までも新離脱協定案よりも離脱期限延期を求めるなど、次々と不支持を表明した。

　その後もジョンソン首相の新離脱協定案は、野党および保守党の残留派の

17　たとえば英国で世帯が消費する燃料に係るVATをゼロ税率にした場合、EU規則では最低５％の税率要件があるため、ゼロにはならず５％になる。

抵抗により下院可決の見通しが立たなかった。そのためジョンソン首相は、（過去にかたくなに延期を否定していたため）苦渋の選択であった離脱延期を求める書簡を10月20日にEU側に送信した。ジョンソン首相が送った書簡は、離脱延期法（レトウィン議員により提出された、10月19日までに意味のある投票が可決されなければ強制的に2020年1月31日まで延期を申請しなければいけない法律）に基づく書簡であるが、離脱延期法に基づく書簡（署名なし）に加えて、英国政府は延期を望まない理由を示した書簡（署名あり）も同時に送信している。これをEU側が10月末の臨時サミットにて承認し、3回目の離脱延期が正式に決定した。その後、新離脱協定案は英国議会で第二読会までは可決したものの、第三読会（最終下院可決）の道筋が立たなかった。そのためジョンソン首相は前倒し総選挙法案を提出するも、三度その法案可決を野党に阻まれた。現行の議会会期固定法では、議会の3分の2の賛成が得られないと解散できないことがハードルとなったため、ジョンソン首相は、議会の過半数の賛成で前倒し総選挙が可能となる、議会会期固定法の修正案（早期総選挙法案）を提出した。これにより、10月31日の合意なき離脱の可能性が消え、野党の一部が賛成したため早期総選挙法案が可決し、12月12日の総選挙に突入した。

■2020年1月31日、遂に英国はEUを離脱

　そして遂に行われた2019年12月12日の総選挙では、ジョンソン首相が率いる保守党が圧勝し、2020年1月31日の英国のEU離脱が確実となった。総選挙直後には、党内の強硬離脱派のヨーロッパ・リサーチ・グループ（ERG）の影響力が相対的に下がり、英国産業界の望むソフトブレグジット路線に舵を切るのではとの報道もあった。しかし、ジョンソン首相はこの総選挙の大勝以降、総選挙公約を守るべく、離脱協定法案に2020年12月末までの移行期間の延長を不可能にするための修正を加えるなど、強硬離脱の流れを明確にした。これにより2020年末に再度、合意なき離脱が起きる可能性が高まった。移行期間は英国・EU双方が合意すれば、1回に限り、最長2022年末ま

での2年間の延長が可能であったが、移行期間終了までに通商協定が締結されず延長もされなければ、（関税や割当て、規制面の検査を国境上で行う）WTOルールに基づく通商に移行されることとなる。

　英国とEUとの（包括的通商協定を含む）将来的な関係性をめぐる協定交渉は、2月25日のEUサミットで交渉権限に双方で合意した後、第1回交渉が3月2日から開始された。安全保障や移民、環境保護の水準など広範な分野を網羅する協定だが、その中核に当たるのが通商協定である。ただ交渉は開始前から難航が予想されていた。ジョンソン首相は2月3日にグリニッジで演説し、英国はゼロ関税、割当てなしの「カナダ方式」の貿易協定を目指すとしながらも、「公正な競争条件」維持に向けたEU規制やEU法への準拠は受け入れない方針を明確にした。また「カナダ方式」が駄目であれば、EUとは「オーストラリア方式（≒WTOルール）」のより緩やかな連携を求めるとした。さらにジョンソン首相は、好条件の貿易協定と引き換えに、離脱後も国家補助（State aid）ルールや、EU側が欧州司法裁判所（ECJ）の管轄に英国を置くなど、EU規制適用にこだわるのであれば、貿易協定を締結しない用意があることを示すなど、EU側の動きをけん制した。

　ジョンソン首相は、2020年末までにEUとの通商協定が締結される可能性は非常に高いと豪語していたが、2020年1月初めに、メディア向けインタビューでは、（残り11カ月しかないことを懸念し）締結に至らない可能性がわずかながらあることを認めていた。

　一方、EU側は一貫して年内に英国との将来的な関係性についての包括的な協定を締結することは不可能との姿勢を貫いている。移行期間が延長されなければ、EUは、年内に物品に対する関税や割当てなど妥結すべき分野の優先順位をつけて交渉に臨む意向を示すなどしており、妥協の糸口はみえていなかった。EU側は、残る交渉分野は年内に妥結した協定を基盤に将来的な交渉を行うか、（それ以上の進展を）諦めるかのどちらかという厳しい対応となることを予想していた。このため産業界は、合意なき離脱に備え、再度コストの掛かる緊急措置を整える必要性に迫られていた。英国の度重なる強

硬姿勢に、英国撤退を検討する外国企業が加速度的に増加していた。

　離脱協定に付随した政治宣言では、漁業権、金融サービスおよびデータ保護については英国・EU間で2020年6月末までに合意することを示唆していたが、これが実現する可能性は当初から低かった。ジョンソン首相がEU規制から乖離する方針を明確に示していたため、今後の交渉次第では、英国に進出している各国の製造業は撤退も視野に入れ事業計画を立てているのが実情であった。

2 チェッカーズ合意と通商協定の妥協、英国・EUの隔たり

ロンドンの保育園探しでEUの移民政策を実感する

　2013年5月から英国に赴任して半年が経った頃の話である。当時2歳になった娘を毎週末公園に連れていっていた。ロンドンは、相変わらず国際色豊かな街であり、近所の公園に行けば、英語以外にも必ずフランス語、ロシア語、ヒンズー語などが飛び交っている。妻にもロシア人のママ友が増えつつあり、娘のロシア人友達（正確には英国人とロシア人のハーフだが）が増えることは非常に喜ばしいことであった。

　ロシア人の友達が増えたのは、娘が通っていた保育園（ナーサリー）にロシア人が多いことも理由の一つである。保育園といえば、ロンドンでも待機児童問題があり、それに加えて私立保育園の料金が非常に高く、月額で1,000ポンド（約14万円）を超えるところも少なくない。公立保育園は無料と聞いていたので調べてみたが、3歳以上が対象で（英国人やEU圏の家庭が優先のため）、アジアから来た駐在員の優先度はあまり高くないようだった。さらに英国人でもキャリアを目指す女性では、午前中（もしくは午後）しか預かってくれない公立を利用するケースはまれで、存在すら知らない人が多い。日々、高額な私立保育園代を支払うために働いている人が多いのは驚きであった。無論、ロンドンの保育園は日本と同じで、子どもが熱を出すと預かってくれない。よってキャリアを目指す女性などは、いざというときのために、お抱えのナニー（ベビーシッター）を各家で準備しているのが一般的である。

　妻の親戚が近くにいるため、何かあったときには子どもをすぐに預けられる安心感はあるが、わが家も一応、いざというときに頼れるナニーを探すこ

ととなった。ナニーを探すのは簡単で、民間大手のお手伝いさんサイトから、近所で登録している人をさまざまな条件で検索できる。日本でいうお手伝いさん＝メイドのような高級なイメージではなく、こちらは移民や主婦の主たる仕事の一つのため、多くの人が気軽に利用できる。わが家のナニー探しで重視する唯一の条件は、ロシア人の妻と、娘の教育のために、ロシア語がネイティブに話せることだ。さっそく、このサイトで"ロシア語が話せる"を条件に入れ検索してみると、ラトビア人、ブルガリア人等、ロシア人以外が大量に出てくることに気がついた。"どうして？"という疑問はさておき、さっそく会ってみようということになり、検索で最初に出てきた、近所に住むブルガリア人と面接することとし、いろいろと話を聞くことにした。

　まず驚きであったのが、このブルガリア人がほぼ完璧にネイティブなロシア語を操れる事実だ。およそ40歳以上のブルガリア人であれば、小学校時代からロシア語教育を受けており、ほぼネイティブ並みにロシア語を話せるとのこと（さすが旧共産圏！）。これはいいと思い、パスポートをもってきてもらい労働ビザをみせてもらおうとすると、この仕事であれば、何時間働いても特段労働ビザは必要ないとのことだ。"どうしてか？"を調べていくうちにわかったが、その理由は当時のEUの移民政策に隠されていた。

　EUでは、1997年のアムステルダム条約にて「人の移動の自由」が保証され、域内での人の自由な往来が可能となった。その後、2004年5月のEU拡大時、ポーランド、ラトビア等の中・東欧の合計8カ国を対象に労働者登録スキーム（WRS：Worker Registration Scheme）を実施し、基本的に労働市場を全面的に開放した（要するにEU諸国に加盟している国民であれば、登録だけでロンドンに住んで働ける）。

　さらに2014年1月から、2007年1月にEUに加盟したブルガリア、ルーマニア両国民に対して英国での就労の自由が完全開放されていった。2013年当時は、段階的な市場開放が実施されていた時期であり、低スキル労働（ベビーシッター、レストランウェイター等）であれば、2014年の完全開放の前から、すでにブルガリア人、ルーマニア人に労働市場が開放されていた（また

2013年7月にEUに加盟したクロアチアも、2020年6月に完全開放された)。

　ただし当時、英国はこの政策により大量の移民流入を招き、若年層失業率の上昇は深刻な社会問題となっていた。またEU移民の社会給付手当（年金、医療等）の負担が増すことも含めて、2016年の国民投票で離脱を選択する大きな引き金となっていた。

　個人的には、ロンドンでロシア語を操る人材を探すことは、東京で探すよりも圧倒的に簡単であったため、移民政策に対して不満は特段なかったといえる。個人的にいちばん注目していたのは、ラトビアであり、バルト3国のなかでも圧倒的にロシア人の移住者が多く、若い世代でもロシア語をネイティブ並みに話すことができる。たとえるなら、日本人が北海道へ移住するようなイメージで、多くの旧ソ連時代のロシア人が移住した歴史があるそうだ。ちなみに、オフィスに毎日来る女性の清掃員もなぜかラトビア人が多く、ロシア語の勉強になるので、ロンドンでの生活で重宝していることの一つだった。

■ジョンソン首相とメイ元首相の通商協定の違い
（カナダ型とチェッカーズ合意の違い）

　通商協定交渉では、ジョンソン首相が当初から提案していた、カナダ型の自由貿易協定（サービスではなく、財を中心に構成される協定）締結を目指し、EUとの政治的連携を軽視する姿勢を示したことで、厳しい逆風が予想されていた。2018年7月のメイ政権のチェッカーズ合意[18]では、共通ルールブックに基づく貿易や、関税をEUにかわって徴収することによって、EU規制に従う方向性が示されていた（国境での摩擦を軽減するために一部EU規則への同調を提案している）。通商協定の方向性が大幅に見直され（カナダ型の通商協定に舵を切ることで）、移行期間終了までに通商交渉が妥結すると信じる向きは少なかった（**図表2－2**）。

　カナダ型の原型はEUとカナダが結んだ包括的経済貿易協定（CETA）であり、あくまで英国がEU単一市場から離脱したかたちで協定を結ぶという

図表２−２　ジョンソン首相とメイ元首相の通商協定案の違い

主要項目	細目	メイ元首相の提案 （チェッカーズ合意、2018年7月）	ジョンソン首相の方向性 （カナダ型）
財の経済連携 （財の自由貿易圏）	農作物・水産品・自動車・機械等	EUと共通のルールブックに基づき自由貿易を行うが、共通農業政策や共通漁業政策からは撤退する。（英国とEUで）統合された独特のサプライチェーンやジャストインタイムプロセスを守る。	ほぼすべての物品で関税を廃止。重要産業での相互承認。
サービスの経済連携	金融サービス	市場の細分化を防ぎ、金融安定性を守りつつ、英国・EUがそれぞれの市場へのアクセスを管理するような新たな経済・規制の枠組みを設立。ただし、EUパスポート制の代替策にはならない。	金融サービス分野は対象外のため、同等性認証およびそれに準ずる協定を目指す。
	デジタル	英国の産業政策に沿い、サービス産業に基盤を置く英国に将来的に役立つように、自由に規制枠組みをつくるようEUに新たな取決めを求める。現行レベルの相互市場アクセスを失う。	規制面での協力がなくなるため、相互市場アクセスがなくなる。EU規制の受入れが各企業にとっての市場アクセスの必要条件となる。
人の移動の自由	イミグレーション手続・入国審査	人の移動の自由を制限し、英国に流入する移民数についての決定権を取り戻し、新たな移民システムを導入。	人の移動の自由は終了し、ポイント制の移民システムを導入。また職業資格の相互認証を行う。
	EU市民の権利	旅行・就学・就業に向け、新たな枠組みを設立。	離脱日までに5年間の定住資格を満たせば、それまでのEU市民としての権利は継続して保証される。
国境での処置	通関手続・関税協定	段階的に円滑化された通関処理（Facilitated Customs Arrangement）を導入。英国とEUが統合された関税地域として機能することを目指す。	関税はなくても、通常の第三国との貿易と同じく国境における通関手続が必要となる。EU域外からの物品は（最終仕向地が英国かEUか明確でなくても）まず英国の関税が賦課され、その後、EUに向かう際に再びEU関税が賦課される。この物品が組み込まれた製品がEUの原産地証明基準を満たせば、EUに輸出された場合にのみ非関税となる。
	原産地証明	不要（英国経由でEUに輸入されるものはすでに関税賦課されているため）。	必要（輸入業者が関税の低い英国に物品を送り、その後非関税でEUに輸送する可能性が生じるため）。
	規制検査	EUと共通のルールブックにより、国境での検査が必要になる食品水準などについてはEU規制との調和により、検査は不要。ECJ管轄から外れるが、（規制に関する）その判決には従う。	規制の相互認証により、国境での製品検査は不要（ただし相互認証合意締結には相当の時間が必要となり、規制変更時に再交渉が求められる）。
	北アイルランドとの国境	和平合意プロセスを守り、物理的な国境設置を回避する。英国および地方分権の法的整合性を保護する。	北アイルランドは農作物・食料品を含む全製品においてEU規則を順守（事実上の単一市場残留）。ただし関税同盟から離脱するため、英国がEUにかわり北アイルランドに流入する財について関税徴収。アイリッシュ海に規制・関税上の国境ができる。
	漁業水域	領海および排他的経済水域での漁業権について英国が管理する。共通漁業政策には従わない。EUとは海域および漁業機会について年次の交渉（魚種によっては多年度の合意も可能）を行う。	領海および排他的経済水域での漁業権について英国が管理する。共通漁業政策には従わない（EUが交渉対象分野に含むよう要請する可能性はある）。
その他	VAT	英国はEUのVATシステムに残留を提案。	チェッカーズ合意に比べEUとの連携や協力の程度が低下するので、残留を希望してもEUが合意する可能性は低い。

（出所）　英国政府より大和総研作成

ものである。ただ政治宣言では、カナダ型とは異なり、金融サービスを含めたサービス全般にまで協定領域の拡大を目指していた。当初、カナダ型は、EU単一市場から離脱するためEU規制からの解放を意味するものの、北アイルランドでハードボーダーが発生することになるため、この方向性に進むことは困難とされてきた。ただ前述のように2019年10月、ジョンソン首相がEUと合意した新離脱協定案のなかで、北アイルランドが、事実上EU単一市場に残留し、農産物・食料品や工業品を含む全製品においてEU規制を順守する一方、英国の関税領域に残留することを決めたことで大きく状況は進展していった。これにより、英国全土がEUの関税同盟から離脱するが、アイルランド島でのハードボーダーは回避することができる。

■欧州委員会は厳しい見方を変えず

政治宣言では2020年末までの協定締結に英国・EUの双方が尽力すると明記されている。ただ、バルニエEU首席交渉官は、当初から、2020年末までの協定締結は非現実的と欧州議会で再三唱えるなど、EUが悲観的な発言を繰り返すことに英国政府は苛立ちを隠せないかのようだった。ジョンソン首相は2020年1月に貿易協定交渉のトップにベテラン外交官であるデービッド・フロスト氏を任命した。英国ではEUとの協定交渉と並行して、優先順位の高い米国との貿易協定交渉も行うため、同氏の手腕への期待が高まっていた。

18　首相公式別荘「チェッカーズ」で閣内合意された通商協定案を指す。関税同盟や単一市場よりは緩やかな経済圏を設立し、食品、農作物を含む多くのモノの製品基準において英国・EU間の規格の同一性を確保する（厳しいEU規制に従う）共通のルールブックに基づく取引を行う。英国・EU間の通関検査を排除し、英国とEUがあたかも統合された関税地域として扱われるために円滑化された通関措置を導入する。貿易における物品が、英国の国境に達した時点で関税を徴収し、その後、これらの物品がEUに向かう場合には関税をEUと分割する。これによって英国は離脱後、関税同盟の利点を維持しながらも、独自の通商政策を策定することができるという利点があった。しかし、ジョンソン首相（当時外相）はじめ、強硬離脱派の閣僚はいったん合意しながらも数日後に閣僚辞任し、提案内容への不支持を表明している。

ただジョンソン首相が１月８日にフォン・デア・ライエン欧州委員会委員長と、委員長就任後初となる会談を実施した際も、移行期間を延長せずに包括的な協定を締結させることは非現実的との指摘がEU側から相次いだ。英国のEU離脱後に開始される交渉の前哨戦となる会談であったものの、ジョンソン首相は、英国の漁業水域に関する主権を維持するという、現状維持を求めているEUには受け入れがたい主張をし、禍根を残す結果となった（EU船籍に英国内の海を荒らされたくないという思いから、ブレグジットを強固に支持した英国漁業界は、EUの共通漁業政策に縛られない通商政策を望んでいる）。また、ジョンソン首相は、2020年末までに通商協定を締結し、離脱後はEU規則を順守しない意向を明確にした。会談ではジョンソン首相が財およびサービス分野を通商協定の対象とすることに加え、人の移動の自由やECJの法域などは対象外とする希望を明らかにした。一方、フォン・デア・ライエン委員長は、（人の移動の自由のみを抑制するなどの）単一市場のいいとこ取りは許さない姿勢を明確にし、通商協定では関税や割当てのほか、ダンピングも含まれるべきではないとの意向を示し、英国・EUの意見の違いが露呈していた。

　ジョンソン首相が、英国の基幹産業である金融サービスについて欧州市場へのアクセスを求めている点は、さらに難航した。これまでどおり、EU域内の金融市場へアクセスしたいのであれば、離脱後もEU規制を順守する必要があるが、カーニー英国中銀（BOE）前総裁やベイリー現総裁までもが、英国金融市場の自由化（EU規制からの離脱）を求めるスタンスをとっている。英国金融サービスセクターは、すでに相互認証を諦め、同等性認証やそれに準ずるサービス協定締結を解決策としてあげているが、英国政府がどの範囲の金融サービスまでを望んでいるかによって、交渉時間も大きく異なる。単一市場を前提とするクロスボーダーの金融サービスの権利を望むのであれば、時間切れとなる可能性が高かった。

■そもそものEUと英国の基本交渉方針

欧州委員会が2020年2月25日に発表した基本交渉方針によれば、英国との関係性は次の3主要要素で構成されるという。すなわち、①基本理念や原則、ガバナンスなどを含む一般的な取決め、②通商や公正な競争条件の確保を含む経済面での取決め、③安全保障に係る取決めの3つである。特に②では、将来の関係性について、公正な競争条件が確保されることを条件として、全セクターにおいて同等のゼロ関税、手数料なし、量的制限も存在しない自由貿易地域の確立を目指すとしている。また、紛争解決や措置執行の取決めなどもその必要条件としている。

一方、英国政府は2020年2月27日に、EUとの将来的な関係性に係る協定に向けた交渉における基本方針を発表。対等の主権国家間の友好的協力を基盤にする関係を目指しながらも、英国・EU双方の法律策定における自律性を尊重すると釘を刺した。そして、法的・政治的独立を損なうような協定は締結しないとの姿勢を明確にし、離脱後にEU規制と連動する義務はないと明言した。さらに、法的・政治的独立を損なうような協定は締結しないとの姿勢を明確にし、離脱後にEU規制と連動する義務はないと明言した。そのうえで、協定の中核になるのはカナダなど友好国との包括的通商協定（CFTA）をモデルとした包括的な自由貿易協定であり、漁業や法執行、運輸やエネルギーなどの分野は別途、一連の国際的協定を結ぶことで補完するとした。

2019年10月の政治宣言では、網羅された政治分野をすべて協定化する必要はなく、外交や移民政策などは、EUと対話し、協力しつつ英国政府が決定するとした。2020年末までの移行期間は延長しないため、包括的な協定締結に至らなかった場合には、EU・オーストラリア間の関係性を目指すというが、現在FTAが締結されていないため、実質的にはWTOルールに基づく貿易を行うことになる。

英国の方針文書は、①中核となるCFTA、②その他の分野に関する協定、③技術的な面や交渉の範囲を超えたその他プロセスに関する計3部で構成さ

れる。①は33章に分かれ原産地規則や貿易救済ルール、投資、商用での一時的な入国や滞在、職業資格に関する相互認証、市場アクセスや通信や配送・郵送などの各種サービス、資本の移動や決済・送金など多岐にわたるが、基本的にはこれまでEUが締結してきた第三国とのCFTAに沿ったアプローチを追求する方針となっている（CETAや日欧EPAなど）。注目された金融サービスについては、規制が変更されていく場合でも、相互の信頼や理解を確保するための規制協力措置を確立するとした。この措置には同等性撤回に関する適切な協議、構造化プロセスが含まれることとなる。

　また、CETAとは異なり一方的な同等性評価実施に努めるとし、英国がEU規制に従っている状態でEUを離脱するという事実は、2020年6月までに同等性評価が付与されるうえでの強力な根拠になりうると指摘。助成金については独自の枠組みを策定する権利をもち、2年ごとに助成金付与の状況に関し、相互に通知するとの方針を示した。

　懸念されている労働法や環境関連の規制についても現行水準よりも引き下がることはないとしつつも、独自の優先順位を設定し、法規制を策定する。締結された協定がスムーズに機能するよう共同委員会を設置し、対話や紛争解決のメカニズムとする。ただし、これまでEUが締結してきたCFTAと同様に、英国司法の主権が尊重されるため、ECJがこの紛争解決メカニズムにおいてなんらの役割を果たすことはないと明記している。

　また、金融サービスにおけるEUの譲歩の見返りになるとの臆測がある漁業権については、英国は独立した沿岸国であり、それに関連した権利と義務を負うことになるとし、排他的経済水域へのアクセスおよび操業機会についてはEUと毎年交渉するプロセスの確立を目指す。EUが採用している漁業割当てではなく、ICES（国際海洋探査協議会）の漁業資源に関する情報に基づいて漁獲量を決める。このため漁業資源の生息場所が割当てに反映されることになり、EUとノルウェーが締結した協定に類似したものになるという。

　このほか、第三国としてEUプログラムに標準的な参加をしていくことや、複数のEU加盟国・英国で就労し社会保障費用を支払った場合の公的年

金へのアクセスを求めていくこと、EU加盟国・英国における保護者のいない未成年亡命申請者がEU加盟国・英国にいる家族と再会することに関する互恵的な取決めを目指すことなどが方針として示されている。

この基本方針に沿うかたちで英国政府は、5月19日にEUとの将来的な関係性を規定するための草案を発表している。291ページからなるCFTAをはじめ、漁業、社会保障の面での協調から法執行など広範な分野に関する協定の草案となっている（**図表2－3**）。

■北アイルランドは議会を再開、EU残留を目指すスコットランドは
   独立を画策

ジョンソン首相が合意に持ち込んだ新離脱協定によって、英国全土がEUの関税同盟を離脱し、北アイルランドとアイルランドとの間に名目上の関税国境が引かれることになる（グッドフライデー協定を順守すべくハードボーダーは設置しない）。

実際には関税国境はアイリッシュ海に引かれ、たとえ英国国内からでも北アイルランドに財が入った時点で通関検査が行われることを意味し、民主統一党（DUP）は断固反対の姿勢を示してきた。ただ政党間の対立により3年にわたって機能停止に陥っていた北アイルランド自治政府[19]が2020年1月11日に再開されたことは北アイルランドにとっては朗報であろう。自治政府再開により、移行期間終了から4年後、この関税国境の仕組みを継続するか否か、北アイルランド議会で採決することができる。議会で否決された場合には、2年間の猶予期間の間に別の通関処理の勧告を行うこととなり、新離脱協定案を継続するか否かの裁量権を北アイルランド議会が担うことが可能となった。一方、スコットランド自治政府のスタージョン党首は、EU残留を頑なに支持していたため、英国とEUとの通商協定において、全面的にEU規制へ準拠することを要望している。

19　DUPのフォスター党首が首相、シン・フェイン党のオニール副党首が副首相を務め、同じくシン・フェイン党のマスキー氏が北アイルランド議会の議長に就任した。

図表2-3　英国の協定交渉の方向性

主要項目	細目	英国の協定草案 （5月19日発表）
財の経済連携 （財の自由貿易圏）	農作物・水産品・ 自動車・機械等	EU・英国間で関税・賦課金・数量制限を導入しない。
サービスの 経済連携	金融サービス	英国・EU双方は、国内・域内の居住者が双方の金融サービス提供者から、継続して（当該提供者に対する許可を与えることなく）サービスを購入することを可能とする。
	デジタル	規制面での協力がなくなるため、相互市場アクセスがなくなる。EU規制の受入れが各企業にとっての市場アクセスの必要条件となる。
国境での処置	通関手続・ 関税協定	関税はなくても、通常の第三国との貿易と同じく国境における通関手続が必要となる。EU域外からの物品は（最終仕向地が英国かEUか明確でなくても）まず英国の関税が賦課され、その後、EUに向かう際に再びEU関税が賦課される。この物品が組み込まれた製品がEUの原産地証明基準を満たせば、EUに輸出された場合にのみ非関税となる。
	原産地証明	必要（輸入業者が関税の低い英国に物品を送り、その後非関税でEUに輸送する可能性が生じるため）。
	規制検査	規制の相互認証により、国境での製品検査は不要（ただし相互認証合意締結には相当の時間が必要となり、規制変更時に再交渉が求められる）。
	漁業水域	双方の水域へのアクセスについて毎年同意を要する（合意しなければ相互の水域での操業は不可能）。
司法	刑事案件に係る法執行と司法協力の枠組み協定	法執行と司法協力の枠組みを規定する実際的な合意を締結。ただし、ECJとEU法体系が英国の法的主権を制約するものであってはならない。
その他	競争政策・補助金・環境・気候変動・労働・税制	EUがこれまでに第三国と締結した包括的FTAに含まれる内容を超える取決めには合意しない。 投資や貿易を促進するために、これら分野での規制を故意に引き下げない。

（出所）　英国政府より大和総研作成

　さらにジョンソン首相に2020年1月14日付の書簡にてスコットランド独立をめぐる住民投票を再び行うための権限移譲を要請した。ジョンソン首相は

返信の書簡にて、再び独立をめぐる住民投票を実施すれば、スコットランド が過去10年間直面してきた政治的な停滞が続くことになると指摘した。ま た、前回の住民投票時に、「1世代に1回」の投票と表現したスタージョン 党首の言葉を引用し、（それから10年も経たないいまの時点で）住民投票の権 限移譲は断固としてできないと拒絶した。万が一スコットランドが独立した としても、独立した財政や警察・軍などの機能を維持することはむずかしい とみられている。前回住民投票時でも指摘された通貨ポンドの継続利用や国 債発行の共有も、BOEや英国政府は断固として反対しているため、独立ま での道のりは困難を要する。スタージョン党首は法的手段に出る可能性を示 唆するものの、法定闘争には双方とも相当の時間と労力を要することが予想 される。総選挙に大勝したジョンソン首相だが、2020年末までに通商協定締 結や連合王国の弱体化という、最もむずかしい問題に取り組まなければなら ず、前途は多難といっても過言ではない。

3 コロナ危機以降の通商協定の行方

コロナ収束を見越し、真っ先に再開した店は？

　新型コロナウイルス感染症で甚大な被害を受けた欧州では、2020年5月に入り急速に1回目のロックダウン（都市封鎖）措置の段階的解除を進めていった。ロックダウン中は、生活必需品（食料品など）以外を扱う店舗や、不要不急のサービス業の営業が禁止されていたのは日本でもおなじみであろう。ただし、現時点では休業による経済的損失と再感染のリスクという公衆衛生の保護とのトレードオフの解消を目指し、できる限り早く経済活動を再開させようとしている。

　ここで驚いたのが、どのような種類の店舗から営業が許可されていくのかが、国によって大きく異なることである。無論、生活必需品に近いものから優先されているのだが、国によって許可される順番がかなり異なり、お国柄を表しているようで興味深い。

　フランスでは5月11日に、措置解除の最初のフェーズが始まっているが、（小規模のものに限定であるが）美術館が真っ先に再開した。さすが芸術の国である。またスペインでは5月11日から、レストランやバーの "テラス席" だけが真っ先に再開している。さすが太陽の国。ちなみにドイツは5月4日の第1フェーズ開始以降、当初の予想では営業再開が8月下旬であったビアホールも、前倒しで再開している。さすがビールの国だ。

　イタリアでは、どの欧州諸国よりも早く6月3日から、海外からの観光客の受入れをスタートさせた。さすが観光の国。またロシアでは、措置解除の第1フェーズで、真っ先に再開したのがクリーニング店である。ロシアでは寝具を毎週洗濯する習慣があり、大型の寝具を毎回クリーニングする人が多

いからである。

　さて、欧州にて新型コロナウイルス感染症対応に最も失敗したといわれているのが、欧州最大の犠牲者を出した英国である。英国では、ロックダウン措置解除に伴う政府の方針変更（外出自粛のステイ・ホームから注意喚起のステイ・アラートへの変更）に、イングランド以外の地方政府であるウェールズ、スコットランド、北アイルランドが反発し、2020年6月の時点では外出自粛を続けていた。当時、死者数が100人単位であったため、措置解除は時期尚早と判断していたようだ。

　ただ首都ロンドンが位置するイングランドでは5月13日から、措置解除の第1フェーズが始まっている。注目された最初に再開した店は、衣料品店でもレストランでもなく、園芸品等を扱うガーデニングセンターだった。再開後、ガーデニングセンターに長蛇の列ができている報道を連日のように目にしたのは驚いた。たしかに春先には2週間に一度は芝刈りをしないと、きれいな状態の庭は保てない。英国人の庭にかける並々ならぬ情熱が伝わってくるではないか。さすがガーデニング発祥の国だ（ちなみに英国はゴルフ場も真っ先に再開している。さすがゴルフ発祥の国でもある）。

■新型コロナウイルス感染症（COVID-19）の影響で
交渉日程が度重なる延期に

　当初は月2回のペースで通商交渉が行われるはずだったが、新型コロナウイルス感染症の世界的大流行を受け、第1回交渉の後、2020年3月中旬にロンドンで行う予定であった第2回交渉は中止となった。EUのバルニエ首席交渉官は陽性となり、英国のジョンソン首相の感染での入院やフロスト交渉官も症状が出たため自己隔離を余儀なくされた。その後、4月にビデオ会議で交渉が再開されたが、リモート会議という性質上、個人的な関係強化はむずかしかった。交渉は10テーマほどに分かれ、それぞれに10〜20人の交渉官が必要とされるため、双方で100名以上が参加する。在宅勤務を余儀なくされていた交渉官も多く、セキュリティの面も含めて、ビデオ会議だけではス

ムーズな実施が困難となっていた。

　離脱後の英国は2020年末までの移行期間に突入しており、その延長是非を
6月末までに判断する必要があった。しかし、ジョンソン首相は就任前から
延長を拒否しており、総選挙で圧勝してから移行期間の終了時期を法制化し
たうえ、6月末までに進捗がなければ交渉決裂として、合意なき離脱の準備
に入るとEU側に警告していた。新型コロナウイルス感染症の拡大による影
響を懸念した欧州議会の最大会派、欧州人民党（EPP）は3月30日に声明を
発表し、英国政府に移行期間の延長を求めた。ただ英国政府の強気のスタン
スに変化はなく、2020年末に移行期間が終了することを強調するにとどまっ
た。

■ビデオ会議では限界に

　コロナ危機によるロックダウンが、欧州全域で緩和され始めた2020年6月
15日に、ジョンソン首相、フォン・デア・ライエン欧州委員会委員長、ミ
シェルEU大統領およびサッソリ欧州議会議長が協定交渉の現状確認のた
め、ビデオ会議形式で首脳会談を実施した。英国はEUに対し、夏の終わり
までに交渉を妥結すべきと促したものの、同じくビデオ会議で行われこう着
状態のまま終わった4回目の交渉（6月2〜5日）からの打開はみられな
かった。英国のフロスト首席交渉官は、バーチャル会議ではこれ以上の進展
を望むのは不可能であることを示唆し、対面協議の再開に前向きな姿勢を示
した。そのため、主要争点に関し6月下旬〜7月末にかけて毎週行われた集
中協議は、ビデオ会議だけではなく対面でも実施されている。

■英国は移行期間延長を正式に否定

　合意なき離脱によって予想される経済的打撃を考慮し、移行期間の1〜2
年延長はやむなしと、世論調査では国民の過半数が延長受入れの姿勢を示し
ていた[20]。保守党内でも、移行期間の延長申請に反発するのはEU懐疑派議
員のみとみられていた。

しかし2020年6月12日、離脱協定を実行に移すための英国とEUとの合同委員会の会合で、ゴーブ内閣府担当相は6月30日を期限とする移行期間延長の申請をしないと正式に伝えたことをツイッターにて明らかにしている。英国が（12月31日までに協定締結がなされず、移行期間も延長されず、WTOルールに基づく通商に移行する）合意なき離脱をする可能性が高まったわけだが、その場合、現行のEUの対外的共通関税にかわるものとして、2021年以降に適用される新たな関税枠組み「英国グローバル課税[21]」はすでに発表されている。一方で、EUからの輸入品に対する通関検査の導入は段階的に行われることが明らかとなった。移行期間終了後、通関検査の実施と関税納付には6カ月の猶予が付与され、その他一部の検査も2021年7月まで導入を遅らせた。

　ジョンソン政権は、当初から移行期間の延長を頑なに拒否しており、EU離脱法にも延長を禁止する条項を盛り込むほどだった。延長申請には法改正が必要であり、強硬離脱姿勢を貫くジョンソン首相にとって延長は致命的な敗北を意味していた。またそれ以上に、移行期間が延長されれば、EU予算への追加拠出を求められることも大きな足枷となっていたといっても過言ではない。離脱協定132条では、移行期間中のEUの多年度予算枠組みにおいては、合同委員会が、移行期間中の英国の地位を念頭に、EU予算への拠出金を決めるとだけ規定している。このため合同委員会の裁量でいくらともなりうるのだが、さすがに、現在のEU予算拠出金の水準から大きく変更するとは考えにくい。現在の移行期間では現状維持となるため、2018年度のEU予算への拠出金は（ネットで）110億ポンドであり、2年間の移行期間延長で

20　英国の調査会社YouGovが実施した、4月上旬の世論調査でも延長反対は27％にすぎない。

21　EU離脱の移行期間が終了する2021年以降に、英国への輸入品に対し賦課される関税枠組み。EUとの将来的な関係性をめぐる協定が締結されなかった場合には、EUからの輸入品にも適用される。国内産業の保護のため自動車や農産物には現在の高関税率が維持されるが、この枠組みにより一部関税が撤廃され、輸入額ベースで関税自由化率は47〜60％に達する。

あれば単純に220億ポンド[22]となる（助成金等を差し引く前のグロスの金額は年間で約200億ポンド）。

ただしコロナ危機により、2021年からの次期中期予算には復興基金の枠組みが含まれるため、当初計画を上回り増強されたかたちの予算編成になることが懸念されている。現段階ではEUは、総額7,500億ユーロ規模の復興基金の創設で合意している[23]。

その財源は、欧州委員会が市場で調達することになっており、その返済義務（債務）はEU加盟国に課される。手切れ金として、英国が移行期間中の（将来の支払となる）年金債務等の負担を強いられていることなどを考慮すると、EU側は英国に復興基金の債務負担を求めてくる可能性は十分にある。しかも復興基金の4分の3は、2023年以降に分配される試算を出しているため、英国はまさに債務だけ押し付けられ、復興予算はもらえない状況に陥る。

また2019年12月の総選挙から上昇基調にあったジョンソン首相の支持率は、首相の側近である上級顧問のカミングス氏の不祥事[24]により大きく低下している。コロナ危機対応の不手際により批判にさらされているジョンソン政権にとって、移行期間の延長に伴う、さらなるEUへの拠出金増は受け入れがたいものであった。

2020年6月から開催された集中協議は、双方で落としどころを探していたものの、現実的な妥協点を求めない限りその解はなかった。ドイツは7月よりEU理事会の議長国となったが、首相として最後の任期を全うするメルケ

22　ただし英国シンクタンク（Centre for Brexit Policy）の見通しでは、移行期間を2年間延長すれば、域外国とFTAが結べないことの機会損失や規制対応のコストが掛かるため、220億ポンドに加えて、総額で3,780億ポンドの損失があると試算している。

23　独仏提案に基づく欧州委員会の復興基金は、4,400億ユーロの助成金、600億ユーロの保証、そして2,500億ユーロの融資で構成される。助成金の3分の2は復興・回復ファシリティ（RRF）を通じて提供される。基金は2021〜2024年に資本市場にて資金調達され、数年にわたり分配される。

24　最も厳格なロックダウン措置がとられていた際に、託児を理由に長距離移動するなどルールを軽視する行動をとり、発覚後も謝罪を拒否した。

ル首相が、有終の美を飾るべく交渉妥結に向けリーダーシップを発揮できる
かが注目された。欧州全体が、コロナ危機への対応に追われるなか、こう着
した交渉を打開するためには、各国首脳による積極的な介入と政治的な"大
いなる妥協"が求められていた。

■交渉の争点は？

交渉の主要争点としては、次の4つがあげられている。

① 英国水域におけるEU漁業権の現状維持

② 環境保護や国家補助などに関するEU基準の継続を求める公平な競争条
件[25]（LPF：Level Playing Field）の受入れ

③ 紛争解決のメカニズム

④ 将来的な関係性のガバナンス

特に英国がLPFに対するEUのアプローチを拒否していることが交渉難航
の主要因となっていた。英国側は妥協案として、ゼロ関税、数量割当てなし
という野心的な通商協定を諦め、EUが輸入する英国農作物への関税賦課を
含め、当初より自由度の低い協定を受け入れる姿勢を示した。

そのかわりにLPFなどのEUの要求を一部撤回させることを試みたが、EU
側はこの提案を受け入れず、状況打開には至らなかった。ただし2020年6月
10日に、バルニエEU首席交渉官は、EUの経済社会委員会にて、交渉のこう
着状態を打開するための政治的な余地が残されているとの見解を示し、LPF
を見直す用意があると、一定の譲歩への意欲を示唆した。ただし、EUの交
渉方針自体は変更されておらず、根本的な譲歩の余地は見受けられない。特
に1970年代に英国がEECに参加した時の取決めでは、EU船籍による英国水
域での漁獲量は、英国船籍のEU水域での漁獲量の約6倍と非対称な関係に

25　英国との自由貿易協定締結の前提条件として、競争政策や補助金、環境、気候変動、
労働、税制といった分野で、現在英国が順守しているEU規制の水準を維持することを
指す。特に、国家援助ルールはEU法を離脱後も英国法に移管することを提案してい
る。第三国との投資や貿易上の優位性を獲得するために、これら水準を故意に引き下げ
ることをEUは懸念している。

あり、英国漁業関係者は現状維持を希望するEUの姿勢に怒りを隠せない。EUおよび英国水域における75魚種に関する分配方法についても両者の溝は深く、ジョンソン首相は一貫してEUの要求を拒否している。

　一方、金融街シティが注目しているのは、通商協定の内容に金融サービスセクターが含まれるのかどうか、およびその内容であろう。メイ前首相がEU単一市場離脱の方針を立てたため、金融パスポート失効は決定している。当初は、政治宣言で同セクターにおける"緊密かつ体系的な協力"をすると明記されているため、「同等性評価（equivalence）」や「相互認証（mutual recognition）」に準ずる取決めが協定に含まれることが期待されていた。ただし、バルニエEU首席交渉官は、6月2週目に、サービス（金融パスポート）の移動の自由や、専門資格の相互認証で英国が加盟国としての恩恵を離脱後も維持しようとしているとして批判を展開するなど、金融パスポート維持や相互認証の可能性は限りなくゼロといっても過言ではなかった。

　仮に最後の砦の同等性評価が認められないと、EU内の金融機関から取引所へのアクセスや、ユーロ建ての金融商品取引など、すべて継続不能となり、通商交渉が締結されたとしても、実質的に金融セクターの「合意なき離脱」が起きる可能性がある。ただし、このような金融・産業界の懸念にもかかわらず、政治が先行し、金融サービスを含むサービス分野の交渉は二の次になっていた。

■英国政府は合意なき離脱の通関準備を急ピッチで進めていた

　2020年7月21日より3日間にわたりロンドンで行われたEUとの将来的な関係性をめぐる協定交渉は、こう着打開において、非常に重要な意味をもつと一時はみられていた。しかし、結局のところほとんど進展がないまま終了している。EU高官は協議が堂々めぐりになっているとの不満を示し、英国首相官邸は多くの重要事項に関し依然として著しい相違が残っていることを示唆するなど、交渉は収束する気配がみえなかった。8月17日の週にも、再

度、交渉ラウンドが予定されたものの、EU議長国のドイツは交渉協議に集中するのは9月以降である態度を崩していなかった。EU首脳は国内でのコロナ危機対策と、EUとして辛くも合意した復興基金の協議で疲弊しており、8月にブレグジット協議に集中する余裕はなかったとみられている。交渉の進捗が限られているため、ジョンソン首相がカナダ方式の通商協定を諦め、通商協定なしのオーストラリア方式を選ぶ可能性が日増しに高まっていた。実際、コロナ危機により、合意なき離脱の影響が明白になりにくいことから、交渉決裂について首相官邸の懸念はそれほど高くなかったという。

　一方、英国政府は7月14日に移行期間終了後の英国・EU間の国境の管理方法について206ページにわたるレポート[26]（BMO：The Border Operating Model）を発表した。2020年12月31日以降、英国はEUにとって第三国となるため、EUへの輸出品はVATルールの変更はもとより、動物や植物の検疫検査、安全性宣言といったさまざまな通関プロセスの対象となる。英国政府の直近の試算によれば、EUと輸出入を行う企業、約15万社がEU輸出において初めて通関検査を経験することになり、新たに必要となる行政上のコストは70億ポンドとかなりの額に達する。ゴーブ内閣府担当相はBMOの発表時に、EUとの通商協定の有無にかかわらず、EUとの交易にあたり企業が新たに民間の通関業者5万人を雇用することになるという業界の試算についても反論せず、事実上これを認めたかたちとなった。

　英国政府は、新たな国境管理に向け、ITシステムおよび物理的なインフラを展開する必要に迫られていた。このインフラには、港湾施設に長距離トラックが到着する前に、通関検査に必要な書類が整っていることを確認するために物理的なチェックを行うための詰所（サイト）も含まれている。

　しかし、サイトの契約書はまだ調印が終わっていないものもあり、通関処

26　英国は移行期間終了後、EUから輸入される物品に対する管理を、現在EU域外から輸入されてくる物品に対するものに類似した方法で行うことになる。これらの管理は2021年1月、4月および7月からと段階的に導入される。中核となるプロセスには通関申告（輸出入）、関税（輸入）、VAT（輸入）、安全セキュリティ宣言書（輸出入）などの行為が規定されている。

理の専門家や長距離トラック用の駐車場（通関検査を受けるまでに必要）の準備が2020年12月末までにできないのではないかという産業界の懸念が、現実となる可能性が高まっていた。離脱派は、英国独自の移民政策や通商協定締結といった離脱の利点を強調してきたが、EUとのビジネスを行う産業界にとって、結局、離脱によって新たな障壁が生まれることになる。

■北アイルランド議定書の一部を無効化する国内市場法案

　2020年9月9日、英国政府は、EU離脱協定の一部を一方的に変更する権限を英国閣僚に付与する条項を含む国内市場法案を議会に提出した。すでに国際法として成立していたEU離脱協定や、それに含まれる北アイルランド議定書の一部を無効化する条項を含む同法案に、EUは猛反発した。英国内でも与野党問わずに反対の声があがり、メイ元首相をはじめ、メージャー元首相まで過去5代の首相経験者がそろって、同法案が英国の評判を損ねると強い懸念を表明するなど、2019年秋の議会停会をめぐる騒動をほうふつとさせる事態となった。

　国内市場法案の主眼は、移行期間が終了した後に、英国の4つの国（イングランド、スコットランド、ウェールズ、北アイルランド）によって構成される国内市場に、これまでどおりモノやサービスが支障なく流通することを確保することである。大半は英国内の流通に関する規定で特に支障のない内容であるが、問題視されたのは、（北アイルランド議定書で定義されている）北アイルランドに適用されるEU規制や通関取決めが部分的に限定・撤回される点である[27]。

　北アイルランド議定書では、移行期間終了後、北アイルランドの物理的国

27　同法案では、（移行期間終了後）北アイルランドからグレートブリテン島への物品の移動については通関（書類）・規制検査を不要としていた。さらに、（移行期間終了までに）英・EUの通商協定が締結されなかった場合、2021年1月1日から発効する物品の移動に関する規則を修正し、グレートブリテン島から北アイルランドに向かう物品への関税を一方的に放棄する権限を英国閣僚に付与するなど、離脱協定を一部無効化するものであった。

境（ハードボーダー）回避のため、アイリッシュ海に疑似的な国境を設置し、グレートブリテン島とアイルランド島との間での通関処理を行うことが定められている。北アイルランドは単一市場に関する（環境規制や企業支援などの）EU規制に準拠することで、アイルランド島内でのモノやサービスの自由な流通を確保する。そのかわりに英国本土から北アイルランドへ輸送される製品は、EUおよび英国の関税体系双方への整合性が求められるなど大きな負担が発生することになる。同議定書の規定内容について、離脱派は英国の主権を阻害すると激しく反発したほか、産業界も莫大なコストがかかると厳しく批判していた。

　特に、動物および植物性製品に関するEUの厳格なルールを遵守するための書類作成コストや、スーパーで販売する商品を積んだコンテナ一つに数千ポンドの規制遵守コストがかかる可能性に警鐘が鳴らされていた。英国政府は必要な書類作成にあたる輸出入業者が無料で利用できるよう、英国およびそれ以外の世界諸国から北アイルランドに製品を持ち込む業者や企業に対し、無料で必要書類の代理記入支援をすると当初、発表していた。

　さらに国内市場法案では、北アイルランドに限って、EUの補助金ルール適用を限定するとも規定されており、英国政府の企業支援（補助金）について、離脱協定で過去に合意した義務を無効化する権限も付与されていた。離脱協定では、離脱後に、北アイルランドとEUとの貿易に影響を与える可能性のある英国内の措置について、EUの補助金ルールに従うことが求められている。英国企業は、（北アイルランド企業の）製品市場に影響を与えるいかなる企業支援についても、（EU規制遵守を確認するため）EUに事前通知する義務を負うことになっていた。同法案は、英国の補助金利用の抑制に向けたEUの権限を限定することにつながるため、EUは離脱協定違反と主張していた[28]。

28　北アイルランドに影響を与える補助金についてEUへの事前報告が求められ、これに従わなければ英国裁判所での訴訟となり、ECJの判例に従うことになる（北アイルランド議定書第10条）。ジョンソン政権は北アイルランド議定書でEUの補助金ルールが英国に恒久的に適用されることを阻止しようとしていた。

■土壇場で国内市場法案の問題が解決

　欧州委員会は国内市場法案提出を受け、問題となっている要素を2020年9月末までに排除するよう求めた。しかし英国では同法案を、EUとの将来的な関係性をめぐる協定が移行期間終了までに妥結されなかった際の安全策として位置づけており、EUの要求を拒否し、（同法案は）9月29日に下院の第三議会を通過し、上院での審議・採決に送られた。このため欧州委員会は10月に、離脱協定における誠実行動義務に英国が違反したとして、「侵害訴訟」の手続を開始するため、英国に対し正式な通知を行った。EUにとってはこの手続開始は単なる法的措置にとどまらず、英国に対し国内市場法案が存在する限り、協定は妥結しないという明確な警告のメッセージであった。11月9日に、同法案は、（北アイルランド議定書に反する）当該条項が削除されたかたちで下院に戻されたものの、ジョンソン首相は一歩も引くようすをみせず、上院での採決を覆し、当該条項を法案に再度盛り込む意向を示した[29]。

　しかし最終的には英国・EUは折合いをつけ、12月8日、EUおよび英国は、（共同作業部会において）北アイルランド議定書の全項目の実施に関し合意に達した。共同作業部会の合意により、北アイルランドと英国本土間の将来的な通商を規定する北アイルランド議定書が2021年1月1日より発効することが正式に決定した。これを受けて、ジョンソン首相は国内市場法案のうち、国際法に違反することになる条項をすべて削除すると発表した。実際には協定交渉に対する悪影響への懸念から英国側が妥協したとみられているものの、北アイルランドから英国本土に向かう物品については輸出申告書などいっさいの書類を不要とするなど、EUも合意に向けた柔軟性を示した。しかしこれで、英国本土から北アイルランドに向かう物品について2021年1月1日以降はこれまで不要であった輸出申告書に加え、植物・動物製品はみ

29　英国上院は当該条項を国内市場法案から排除するかどうかをめぐる採決を行い、賛成票433対反対票165と、ここ数年における最大票差で英国政府の敗北となった。しかし12月7日には、英国下院議会は上院議会の改正により、物議を醸す条項が削除された国内市場法案に対し、当該条項を再度盛り込む採決を賛成357票対反対268票で可決していた。

な、衛生証明書が必要となることが正式に決定した。

■度重なる協定交渉の期限が過ぎても協議継続

　コロナ危機のなかでも、英国とEUは将来的な関係性をめぐる協定交渉に奔走していた。9月にジョンソン首相は2020年10月15日までに交渉が妥結されなければ継続する意味がないと、一方的に期限を設定した。ただ同日までに結論は出ず、合意なき離脱かと一部メディアは騒然としたが、翌16日にジョンソン首相が、EUがアプローチを根本的に変えない限り、交渉に臨まないとの声明を発表した。しかしそれでも、交渉打切りを宣言するには至らず、最終的にはEU側の交渉継続の要請を受け入れた。同23日に交渉は再開され、11月以降も交渉が継続された。EU側も当初は、加盟国政府における議会批准の時間を考慮し、10月31日が最終期限と示唆し、期限に向かって交渉チームのさらなる尽力や、コロナ対応に追われ交渉への関心がそれがちな各国政府への意識喚起を図っていた（しかし、意図した効果は得られず、11月以降も交渉は継続）。

　欧州議会での批准作業には少なくとも数週間が必要として、11月末が交渉期限になるとの憶測も流れたが、EUは12月13日を最終期限と設定し、ここまでに合意できなければ、これ以上の協議を望まない姿勢を示した。最終的にこの期限も守られず、当日行われたジョンソン首相と欧州委員会のフォン・デア・ライエン委員長との電話協議で、（年内まで）さらなる交渉の継続が合意された。

　協定交渉が最後までもつれた原因は、①公平な競争条件（LPF：Level Playing Fields[30]）と②英国水域での漁業権をめぐる意見の相違であった。EUは、英国がゼロ関税、数量割当なしで単一市場にアクセスしながら、製品や雇用法、補助金などに独自の規制を設定（EUと同等の水準からの大幅緩和）することで、EU企業に対し不公平な優位性を手にすることがないよ

30　英国・EUとの間で一定の公平な競争条件を確保することは、2019年10月に合意した政治宣言に含まれている（ただし法的拘束力はなし）。

う、EUの水準に従うべき（公平な競争条件の確保）と一貫して主張していた。特にEUは、企業に対する補助金は離脱後もEUルールへの整合性を求めていたが、英国はそれではEUから離脱した意味がないとして拒否していた。なお、離脱協定により北アイルランド企業に対する補助金にはEUのルールが適用される。しかし、英国にある本社に付与された補助金によって北アイルランドの拠点（支店）が多大な恩恵を受ける可能性などについては（英国内でも）意見が分かれている。そもそもEUが離脱後の英国に厳格な補助金ルールの遵守を求めている背景には、英国が産業補助金を拡大させ、EU企業との競争に有利な条件をつくったうえで、EU市場へのダンピングを行うという懸念があった[31]。

　EUは譲歩案として、英国の新たな補助金制度の詳細を開示することや、そのなかで濫用を防ぐための法的枠組みや、独立した執行メカニズムの確立を求めた。英国政府は、国内市場法案発表の直後に移行期間終了後の補助金に関するアプローチの概要を公表した。移行期間終了直後は英国がWTOの国家補助ルール[32]に従い、来年以降、WTOルールよりも緩やかな規則を提案するというものである。EUは再三、新制度の詳細開示を求めていただけに、概要発表にとどまったことに落胆し、交渉進捗にはつながらなかった。英国政府は、実存不可能となったゾンビ企業を救済するために補助金を使うような（1970年代のようなアプローチに回帰する）ことはないと主張しているが、EUが求めている内容とは程遠いものだった。

■最終的にEU側の歩み寄りがみられた公平な競争条件

　そもそも、英国・EUの双方は、2021年1月1日時点の規制水準から後退

31　1970年代の産業政策の失敗を教訓に、英国はEUの補助金抑制方針を支持してきた。一方、独仏は国内企業救済に向け、一貫して英国を上回る支出を続けている。
32　WTOのルールでは、輸出高や、輸入高よりも国内産商品の使用量に応じた補助金を禁止している。具体的には、サービスではなく商品を対象として、①補助金により、企業の輸出が増えたり、②国内企業によって供給される製品の利用が増え、海外競合他社の利用が減ったりするような場合、を想定している。

しないという非後退条項に関し合意していた。これに加えてEUは、英国が将来、規制緩和によって、不公平な競争優位をもたないようにするシステムの確立を目指していた。このシステムは、公平な競争条件を確保し、規制水準の後退を防ぐだけでなく、EUのルールが変更に応じて、英国のルールも変更することを義務づける「ラチェット（進化）条項」と呼ばれるものである。同条項では、規制の下限を英国・EUともに新たな水準に引き上げ、一方が規制強化を計画しているときに、相手側にも規制強化の協議を行うことを義務づける。EUはまた、公平な競争条件が確保されない場合に、紛争解決メカニズムの最終手段として（関税賦課などで）市場アクセスを阻む報復措置を伴う、いわゆる「進化メカニズム」も提案していた。

　しかし、これらのEU提案は、規制水準維持に関して細かすぎ、EU規制から乖離すれば自動的に関税を賦課されるとして英国の反発を招き、協定交渉は長く膠着状態に陥った。特にジョンソン首相は、労働党政権がEUと協働し、反企業的な規制を導入し、その後、政権交代した保守党政権がこの規制水準を引き下げた場合に、報復措置が発動されることになると懸念していたという。そこで、EUは態度を軟化させ、「ラチェット条項」や、「進化メカニズム」を断念し、英国がEU規制から乖離した際、公平な競争条件が守られているかEUが一方的に評価して罰則を与えるのではなく、独立した調停パネルの設置などを通じ、是正措置の調整を行う妥協案（いわゆる「自由条項（リバランスメカニズム）」）を提案して英国の理解を求めた。

■最後の障壁となった漁業権

　交渉の最終局面まで交渉が続いたのは、経済的には非常に規模の小さい漁業権だった。EUは英国の排他的経済水域（EEZ）でのEU船籍の操業の現状維持に加え、EU・英国の海洋国境をまたいで生息する70を超す魚種の漁獲割当ての維持も求めた。一方、英国はEUに対し離脱後の独立した沿岸国の主権を認めるよう求めた。そして旧態依然の漁獲割当方法をやめ、EEZへのアクセスは年次交渉で決めるべきとし、双方の主張は真っ向から対立していた。

英国のEEZのうち、沿岸から12～200海里の深海、および6～12海里の沿岸区域へのEU船籍によるアクセスおよびその操業量が争点となった。英国は移行措置として12～200海里に関しEU船籍に3年間の現状維持アクセス、そして3年後にはアクセス自体を年次交渉の対象にすることを提案した。英国が6～12海里へのアクセスを認めようとしないため、（深海用の大型の船をもたない）小型船で沿岸操業し往々にして家族経営となるフランスおよびベルギー等の漁業関係者にとって大問題となる。さらに英国はEUに対し12～200海里で現行の漁獲量の80％を放棄するよう要求し、EUは3年間の海域アクセスと引き換えに、これら遠洋漁業での漁獲量のほとんどを諦めることになる。EUは10年の現状維持を要求した。

　漁業はEUのGDPの1％にも満たない産業であり、交渉決裂のコストに見合わないとバルニエEU首席交渉官は、EUサミットに先立ち、現行の強硬スタンスを改めるよう加盟国政府に促していた。欧州委員会もEUのEEZにおける英国の漁獲割当てを再分配することでEU主要漁業国（ドイツ、フランス、オランダ、ベルギー、アイルランド、デンマーク、スウェーデン等）への打撃は緩和されると主張した。

　ただし、これら漁業国は当初、いかなる柔軟性もみせようとしなかった。英国水域での漁獲量減少による収益損失は、協定が妥結されなかった場合の損失に比べればわずかなものだが、一部加盟国にとって漁業界の政治的影響力が大きいことが背景にあった。特に、英国のEU離脱にあたり強硬スタンスを貫いてきたマクロン大統領は、漁業権でも妥協に難色を示し、いかなる代価を払ってでも協定妥結するというわけではないとまで発言していた。英国が水揚げした漁獲量の7割近くはEU向けに輸出されており、協定が締結されない限り、英国は行き場のない魚を抱えることになる。このためEUは譲歩の必要性を感じず、両者のにらみ合いが続いた。

　協定が締結されず漁業権に関する合意が形成されなければ、ベルギーやフランスの漁業者にとって歴史的な漁場となる英国水域へアクセス喪失をめぐる紛争が起き、違法操業が増える可能性もあった。国境検査などによる遅延

が生じることにより、カニやホタテなど新鮮な海産物を扱う英国の輸出業者などにも重大な影響が及ぶことも懸念された。英国は主権国家として、自国海域のコントロール権は譲れないとの主張を続けた。12月上旬にはジョンソン首相が、移行期間終了までに協定が妥結されなかった場合に、英国沖合の海軍哨戒艦を4隻新たに海域警備に派遣し、英国海域にEU漁船が侵入した場合の停止命令、検査や拿捕などの任務にあたる指示を発令した。1970年代にアイスランドと武力衝突を伴う紛争に発展した「タラ戦争」を彷彿させる事態に発展する可能性も指摘された。

■遂に英国・EU協定交渉で合意

　移行期間終了まであと1週間に迫った12月24日、英国とEUはついに、通商協定を含む将来的な関係性をめぐる交渉で合意した。協定文書は1,246ページにわたる通商合意文書のほか、一連の共同声明や漁業やデータ保護、原産地規制、司法協力など多岐にわたる分野の付属文書も含まれている。これにより移行期間終了後の2021年1月1日から、英国とEUとの財の貿易は関税ゼロが維持されることになり、国境検査での大きな混乱は避けられることとなった。

　最後の障壁となっていた英海域での漁業権に関しては、5年半の移行期間を設定し、その間、EU船籍は英国排他的経済水域（EEZ）へのアクセスを確保するかわりに、漁獲量は現行の25％減（5年以上かけて段階的に英国の割当に付加）で決着がついた。将来この割当てが変化した場合に、英国からの輸入品に対する関税賦課というEUの提案は却下された（これにより、英国の排他的経済水域に対する主権を取り戻したともいえる）。移行期間終了後の英海域のアクセスは、5年半後に定期的な交渉を行うことになった。公平な競争条件（LPF）は、EUが希望していた、「ラチェット（進化）条項」の導入は見送られた。かわりに、新たな調停メカニズムが導入され、どちらかが環境などの規制を大幅に緩和した場合など、（独立した調停パネルの判断で）関税賦課のかたちで制裁措置をとることとなった（「自由条項（リバランスメカニ

ズム）」の導入）。これにより規制乖離が許容される法的枠組みができたことになる。さらに詳細がほとんど公開されていなかった紛争解決メカニズム（協定で規定されたルールの順守や、これに一方が従わなかった場合の報復措置の内容）に関しては、調停機関としての欧州司法裁判所（ECJ）の役割は外され、独立した主権国家としてECJの支配を受けないとする英国の主張が通る格好となった。

　原産地規制はEUがこれまでに締結したFTAでの規定が参考にされ、累積ルールとして英国・EU二者間での完全累積制度（他国FTA等の拡張累積は不可）が採用されている。ただし英国自動車業界からの主な要求事項であった、英国産電気自動車への特恵税率適用は確保された。これにより、2023年末までは完成自動車（電気自動車）の部品60％が英国・EU域外であってもゼロ関税の対象となる（2024〜2026年は55％まで、最終的な水準は4年以内に見直しで合意）。

　一方、サービスの貿易に関しては当初の予定どおり、ほとんどが協定対象外となっている。医師や弁護士等の専門資格の相互認証（MRPQ）に関し、EUカナダFTA以上のものは規定されず、将来的に規制当局と業界団体がMRPQを確立させるとの努力目標にとどまっている。また、疾病や害虫から人間や動物・植物から保護するための規制システムの相互認証もないため、家畜の輸送やペットとのEU渡航にあたり、獣医による証明書の取得も必要となる。外交政策や対外安全保障協力についても、ほとんどが対象外となっており、2021年1月以降も、当面の間、交渉が続く見込みである。また同協定は5年ごとに見直され、12カ月前の事前通告により協定打切りも可能と規定された。

合意なき離脱への懸念が続いた英国

COLUMN
すでに合意なき離脱を体感できる英国ではペットのパスポートも失効の危機にあった

2019年3月、ユーロスターを利用したパリまでの出張があった。ちょうど、英国のEU離脱日が3月29日から4月12日に延期された時期であり、ロンドンではリスボン条約50条行使の無効を求めて数十万人のデモが起こるなど、状況が混沌としていた。

通常であればユーロスターはロンドン、パリ間を約2時間30分で運行しているため、午後からのアポイントなどであれば、日帰り出張も可能である。しかし、ユーロスターが発着するパリ北駅では、3月初めからフランス税関職員による（合意なき離脱時に発生する）通関手続煩雑化に対する抗議行動で、毎日まともに運行できていない状況が続いていた。事実、急な運行キャンセルや税関検査待ちの長い行列により、乗車までに5時間待ちの便もあった。結局、飛行機に振り替える客などの混乱も重なり、1日がかりでの移動となってしまった。この抗議行動は、合意なき離脱に伴う混乱に備え、増員や待遇改善を求める職員が、離脱後にいままで以上に慎重な税関検査が必要となることを見据え、「慎重な検査を実施すると、これほど大変なことになる」ということを証明するものであった。

英国では合意なき離脱の可能性が高まりつつあったことから、そのための対応が活発になっていた。しかし、英国、EUともに万全の準備とは言いがたく、合意なき離脱が起こった際の実体験がすでにできてしまう状況がいくつかの場面でみられた。

合意なき離脱ともなれば、航空セクターでの混乱や、医薬品供給不足のお

それがあった。また食料品の３割はEUからの輸入に頼っているため、関税の引上げや輸送の遅延による食料品価格の上昇なども予想されていた。そのほかにも携帯電話使用料の上昇（EU内で撤廃されたローミングチャージの復活）など、あげればきりがなかった。

　一方、旧知の英国人は春休み（イースター休暇）には、ブレグジットの混乱を避けるため、（当初の離脱予定日であった）３月29日までに英国を脱出してフランスの別荘に行く予定を立てていた。この知人は、いつも自家用車で（フェリーを利用し）ロンドンからフランスの別荘に行くが、仮に旅の途中で合意なき離脱となってもいいように、（EU加盟国で共通であった）英国の免許証はEU域内で失効するため国際免許を取得していた。また知人が最も懸念していたのは飼犬のパスポートである。EU内に飼主と一緒にペットも旅行するときのスキームであるEUペットパスポートは、合意なき離脱が起こった際には失効し、英国は第三国と同じ待遇になる可能性が高い。そうなると旅行前に狂犬病の予防接種を行い、血液サンプルをEUが承認した検査ラボに送り、検査結果が基準を満たしてから３カ月待ってはじめて渡航が可能となる。これを避けるためにも、イースター休暇にペットを帯同して海外で過ごす予定の英国民は、こぞって離脱日前の出発を画策していた。

■合意なき離脱の影響（最も懸念されているのは英国・EUの貿易障壁）

　仮に2020年末の移行期間終了までに、協定締結が間にあわず、合意なき離脱が起こった場合には、英国経済に甚大なインパクトが及ぶことが予想されていた。

　合意なき離脱の際に、最も懸念されているのは、英国・EU双方に発生する貿易障壁であろう。2020末で英国とEUのモノの移動の自由は終了し、2021年から税関申告はもちろんのこと、関税賦課も必要になる可能性があった。2018年８月に発表された政府指針では、輸出入を行う英国企業に対し、準備すべき点が列挙されていた。しかし、日本を含む第三国との貿易方針に関しての詳細などは未定であり、指針に示された以上に備えておくべき点が

多いのが実情であった[33]。

合意なき離脱となれば、即WTOルールに基づく貿易となるため、（現在は不要である）関税の賦課が始まり、国境での通関検査や規制チェックが求められるようになる。また、WTOは加盟国に対し、貿易協定を締結していない国に対する関税が、他の非締結国と同率になることを求めているため、英国がEUだけ（あるいはEUが英国だけ）に特別な関税を賦課することはできない。また、英国が離脱後に、第三国としてEUと自由貿易協定を締結したとしても、手続が煩雑でありコストも掛かる原産地規則を順守すれば、英国輸出業者のコスト競争力をそぐおそれがある。そのため自由貿易協定が締結されたとしても、WTOルール下での貿易を選択するほうが有利な可能性がある。WTO創設国の一つである英国は、既存の自由貿易協定が失効した場合に、新たな協定締結まで、関税賦課開始の一定期間の猶予が許容されている。このため、合意なき離脱になった場合でも、関税賦課については移行期間が設定できると指摘する声もあった[34]。

WTOルール下で、英国からの輸出で最大の打撃を受けるセクターは農業とみられており、（関税の急騰等により）価格競争力が失われEUへの輸出は事実上不可能となる。また運送コストの上昇に伴う英国内での物価上昇も予想されている。特に乳製品は、EUからの輸入品に依存し、複雑なサプライチェーンを有することから、価格上昇や欠品を引き起こす可能性が高い。一方、EU加盟国で大きな影響を受けるのは、英国経済と密接に関係するアイ

33　医薬品の欠品・遅配なども懸念されていたが、政府指針によれば、医薬品を大量に備蓄したり、処方箋の期間を長くしたりする必要はないという。そのかわり、混乱を避けるため、6週間分の医薬品を備えておけばよいとして、そのための計画を明確にするよう求めていた。

34　ただ世界貿易機関（WTO）のアゼベド事務局長は、2018年8月23日のBBCのインタビューのなかで、「英国が離脱後、すぐにWTOのメンバーに加盟することは現実的ではない。離脱まで半年程度で、WTO全加盟国の合意を取り付けることはむずかしい」との見解を示した（英国はEUとしてWTOに加盟しているため、EU離脱後、自身での再加盟が必要）。英国が合意なき離脱後にWTO下の関税ルールに移行できない場合、高い関税を免れることはできないとの見解も示していた。

ルランドや、自動車産業が大きいドイツなどがあげられる。EU側も混乱は免れないものの、EUの経済規模は13.5兆ドルで、同2.6兆ドルの英国に比べて大きいため、その影響は軽微である。

■欧州全域にサプライチェーンを構築した日本の製造業にも大きな影響が

日本企業にも合意なき離脱は大きな影響が予想されていた。すでにいくつかの在英日本製造業が、本社を英国から欧州大陸へ移転することを発表するなどの対応をすませていた。

ただ工場などを有する製造業は金融業などとは異なり、すぐに移転することはむずかしい。特に欧州に広域なサプライチェーンを構築し、英国に組立工場を有する自動車メーカーなどは、その影響が甚大といわれている。英国において（欧州大陸から輸入される）自動車部品在庫を保管する倉庫は最小限の規模であり、一般的に組立工場はきわめて小さいことが悩みの種といわれている。各自動車メーカーは、ブレグジットの結果導入されうる通関検査が、生産ラインを詰まらせることを警戒していた。これまで通常24時間以内に届いた部品が、離脱後は最低2〜3日、最大10日近くかかるケースも想定されている。組立工程に進むまで自動車部品を保管しておく倉庫を建設する必要もある。

空港や港湾といった基本的なインフラの運営にも混乱が生じることも予想されている。英国政府が主張するように、（新たなシステム投資による）高度な技術を用いた通関検査を施したとしても、貨物のチェックには現在の数倍の時間がかかり、その間に荷物を留め置く場所が必要となる。特に最大の懸念は、完成車をEUへ輸出する際、ドーバー海峡をつなぐユーロトンネルの輸送キャパシティであろう。ユーロトンネルの入り口付近では、英国側・大陸側ともに自動車を停めるスペースが限られており[35]、税関検査で長蛇の列ができることは想像に難くない。

35　英国側で200〜300台、大陸側で900〜1,000台程度。

故サッチャー元首相が、日本の自動車メーカーに対し、英国に組立工場を誘致した際には、英国のEU単一市場への参加が切り札であった。多くの日本企業では、合意なき離脱の可能性も含め、さまざまなシナリオが議論されていたが、そのすべてのシナリオに対して対応を協議しなければならなかったことは想像に難くない。日系企業がブレグジットに向けて英国に残るか、EU本土に移るか苦渋の選択が迫られていた。

■合意なき離脱を想定するイエローハンマー作戦の存在

　ジョンソン首相は、就任直後からEUとの合意形成を最優先に掲げ、合意なき離脱は最後の手段と位置づけていた。しかし、責任ある政府としてその準備は進めなければならないとし、徹底した離脱主義者であるゴーブ国務相（当時）を全省庁における合意なき離脱の準備の監督役に任命した。

　2019年9月6日に英国議会が発表したジョンソン政権下の合意なき離脱の方針に関する資料では、合意なき離脱時に備える危機管理策（イエローハンマー作戦）の資料[36]に言及している。それによると、政府が想定している合意なき離脱での蓋然性が高いシナリオとして、食料や医薬品不足、物価高騰や燃料供給への支障、通関での混乱や英国全土での抗議活動、北アイルランドでのハードボーダーの復活などに触れており、準備は万端ではなかったのかと、英国民の間で動揺が広がった。またEU各国の空港やユーロトンネル、ドーバー海峡で乗客確認に遅延が生じることや、税関検査が復活するために、港で貨物の遅延が発生し、交通量が現行の50〜70％にまで減少することなどもあげられていた（**図表2−4**）。

　合意なき離脱の際に実務的な面で懸念される事項としてはこのほかに、入国審査の煩雑化に加え、欧州医療保険カードが失効すること、国際免許証や自動車保険証明の携行が必要になることなどにより、EU諸国への渡航が煩雑になること、医療・介護、ホスピタリティ、農業などEU移民に依存して

36　2019年8月18日に英メディアに資料が流出してリークされた、英国政府による合意なき離脱時のベースシナリオ。

図表２－４　英国政府の合意なき離脱時に備えるための危機管理策（イエローハンマー作戦）

項目	詳細
北アイルランド	通関検査を回避するという現行の計画が持続不可能となり、ハードボーダーが復活。 抗議活動や道路封鎖といった直接行動を招く。
燃料供給	通関において数カ月の遅延が生じ、ロンドンやイングランド南東部での燃料不足を招く。 遅延により、石油精製所２カ所の閉鎖、2,000人の雇用喪失、大規模なスト、燃料供給へ支障。
通関	英仏海峡を往来する長距離トラックの最大85％が、フランスでの通関検査への備えが不足しており、通過に最大で２日半の遅延。
交通	空港で大規模な混乱が生じ、現在の交通量の50〜70％にまで回復するのに最長３カ月。 EUの空港、ユーロスターの英国始発駅、ユーロトンネル、ドーバー港で乗客確認に遅延発生。
医薬品	医薬品供給が長期遅延（英国の医薬品の４分の３はドーバー海峡経由で輸入）。
社会不安	生鮮品不足と物価上昇が起き、弱者への打撃に英国全土で相当の警察動員を必要とする規模の抗議活動。
ソーシャルケア	物価上昇により財政的に脆弱なセクター全体に大きな影響。
ジブラルタル	スペインとの国境で少なくとも数カ月間、４時間以上の出入国遅延が生じ、経済への悪影響に。

（出所）　英国議会より大和総研作成

いるセクターで、EU移民減少による労働力不足もあげられた。また、不確実性が長期化することが予想されるため、売り手も買い手も様子見の状態となり、住宅市場が停滞する可能性も指摘された。

　このイエローハンマー作戦は事前の資料流出を受け、英国議会が急きょ、その存在を認めたものである。ゴーブ国務相は掲載された（リークされた一部の）ものは過去に作成された、最悪の状況を把握し、それを最小限に抑えるためにつくられた資料であり、すでに抑制に向けた措置をとっているため、掲載された内容の一部は誇張されているとして事態の沈静化を図った。

■自動車メーカーへのインパクト

　さらに、英国政府は合意なき離脱時の指針の一環として暫定的関税枠組みも準備していた。これは、EUからの輸入品の87％を最長12カ月間非関税にするものである。サプライチェーンへの混乱を防ぐため、（EUからの）自動車部品輸入については非関税などの対処も発表していた。ただし、自動車セクター保護のため、完成自動車への関税は維持する（非関税の対象外とする）ことが決定していた。自動車産業において、英国は欧州サプライチェーンにおける主要な生産拠点であり、日本に限らず世界の自動車メーカーの工場が多く集積している。2019年初に英国のEU離脱期限（当初3月29日）を控え、英国に進出した自動車メーカーは次々に対応策や今後の方向性についての発表を行い、合意なき離脱回避に向けた英国政府の真摯な取組みを求めていた。自動車メーカーのなかには当初の離脱期限を前に、工場の夏休みを前倒しにし、4月に数日間工場を操業停止することで、混乱回避を模索する企業も多かった。その影響もあり、英国における2019年4月の自動車製造台数は7.1万台と前年同月比44.5％減（英国自動車製造販売車協会）の大幅減を記録した（**図表2－5**）。

　さらに英国経済は、2019年12月の総選挙での保守党圧勝から上向きに転じたものの、それまでの政治的な不確実性により、企業投資や消費支出等が圧迫されたため、2019年第4四半期は前期比でゼロ成長と停滞した。特に低迷が目立ったのは、自動車産業である。自動車メーカーの多くが、当初の離脱期限、2019年10月31日に合意なき離脱が起きる可能性に備え、2019年11月に自動車生産工場の一部を操業停止にしたことによる影響が大きかったとされる。2020年以降も新型コロナウイルス感染症の影響により、サプライチェーンの混乱や世界的な需要減により、企業業績がさらに悪化し、成長率に大きなブレーキがかかっている。

■恐怖キャンペーンとの批判が絶えなかった当初のBOEのワーストシナリオ

　当初（2018年11月末）、BOEが発表したブレグジット影響分析では、合意

図表2－5　自動車メーカー、日本製造業等の移転の状況（2019年4月当時）、英国自動車製造台数の推移

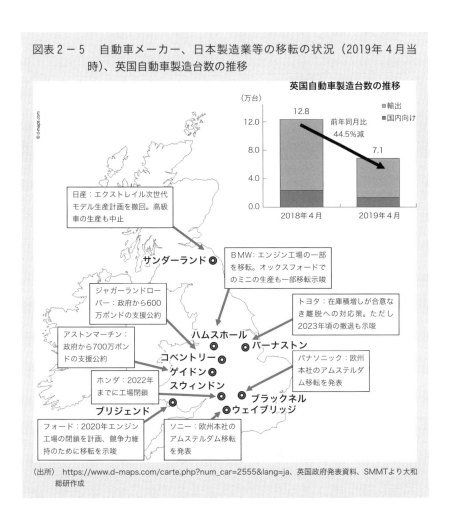

英国自動車製造台数の推移

日産：エクストレイル次世代モデル生産計画を撤回。高級車の生産も中止

BMW：エンジン工場の一部を移転。オックスフォードでのミニの生産も一部移転示唆

ジャガーランドローバー：政府から600万ポンドの支援公約

トヨタ：在庫積増しが合意なき離脱への対応策。ただし2023年頃の撤退も示唆

アストンマーチン：政府から700万ポンドの支援公約

パナソニック：欧州本社のアムステルダム移転を発表

ホンダ：2022年までに工場閉鎖

フォード：2020年エンジン工場の閉鎖を計画、競争力維持のために移転を示唆

ソニー：欧州本社のアムステルダム移転を発表

サンダーランド
ハムスホール
バーナストン
コベントリー
ゲイドン
スウィンドン
ブラックネル
ウェイブリッジ
ブリジェンド

（出所）　https://www.d-maps.com/carte.php?num_car=2555&lang=ja、英国政府発表資料、SMMTより大和総研作成

なき離脱をすれば、即時に、金融危機に至るおそれがあるなど、極端に不安を煽るものであった。特に無秩序な離脱を展望するワーストシナリオ[37]では、GDPは最大で8％縮小し、金融資産は投げ売りされ、住宅価格は3割

37　純移民の減少や国境での大きな混乱の発生、WTOルールへ戻ることなど複数の仮定を前提としている。

近く下落（商業不動産は約半額まで下落）し、ポンドの価値はさらに約25％下落するおそれがあるとしていた。また経済状況が悪化するため、純移民は年間25万人流入から、同10万人流出となり、労働力供給を大きく減少させるという。ブレグジットでポンド価値が急落した際の通貨防衛は、金利の引上げしかなく、シナリオでは長期金利を5.50％まで引き上げるとしている。合意なき離脱が起きれば、英国経済に対し、急激な供給ショックが起こり、需要に対して財やサービスの供給不足を招き、インフレ率が上昇するため、政策金利の引上げで対処せざるをえないとBOEは主張していた（**図表2－6**）。

　BOEが示したワーストシナリオでは、英国とEU間において、突然の関税障壁、およびその他の非関税障壁が発生した場合を前提としている。合意なき離脱により、英国・EU間の自由貿易協定は5年間締結できず、英国製品はEU圏内ではその価値が認められなくなるとのシナリオである。ただ、貿易協定締結に時間がかかれば、英国だけでなくEU側も相当の打撃を被るため（EUからの）配慮がまったくないことは想定しづらい。また最低限の協定は維持したまま、WTOルールへ移行するだけなので、必要以上に不安を煽る必要はないともいえる。当時、このようなBOEの悲観的なシナリオに対し、英金融街シティの金融市場関係者は、度が過ぎると猛烈に批判を展開した。

図表2－6　合意なき離脱時のシナリオと、その他のストレス時の比較（2018年11月当時の分析）

	GDP（注1）	失業率（注2）	インフレ率（注2）	不動産価格（注1）	商業不動産価格（注1）	政策金利（ピーク時）
混乱を招く離脱	−3.00％	5.75％	4.25％	−14.00％	−27.00％	1.75％
無秩序離脱（ワーストシナリオ）	−8.00％	7.50％	6.50％	−30.00％	−48.00％	5.50％
（参考）2008年の金融危機時（注3）	−6.25％	8.00％	4.75％	−17.00％	−42.00％	5.25％

（注1）　開始時点（2019年3月、2008年10月）からの下げ幅。
（注2）　下落幅。
（注3）　2008年の第1四半期を起点。
（出所）　BOE発表資料より大和総研作成

また現実的ではない一部の前提もバッシングの対象となった。英国では長期固定の住宅ローンが多くないため、政策金利の急激な引上げは、住宅ローンが焦げ付き、不動産価値が急落し、不良債権問題が発生する可能性が高い。ただしBOEは、英国の民間銀行は十分な資本を積んでいるので不良債権問題は起きないと結論づけていた。この見通しを信じる向きは少なく、むしろ、金融危機が起こった際に火に油を注ぐことになるため、ワーストシナリオの水準（5.50％）まで政策金利の引上げを行うことに対し、懐疑的な意見がほとんどであった。なかでも、センタンス元BOE金融政策委員は、「BOEの分析は非常に危険な推測であり、BOEの政治力が強くなっているという批判をさらに招く」とツイッターで強く非難した。シティのみならず、クルーグマン米ニューヨーク市立大教授（ノーベル経済学賞受賞者）など権威ある人物からも批判の的となった。

　ただこれは、2016年のEU離脱の是非をめぐる国民投票前の流れに似ているといえる。当時、国民投票の前には離脱によるリスクを強調し、有権者を残留賛成に誘導しようとする、いわゆる「恐怖キャンペーン」が批判を集めた。なかでも財務省が離脱を契機とする金融危機発生のシナリオをつくったのがその一つとされたが、投票行動に大きな影響を与えたとは言いがたい。むしろ金融業界は、政策誘導で極端なシナリオを発表した財務省に不信感をもっていた。

　BOEのシナリオは、財務省が2年前に発表したものよりも厳しい内容であった。しかも、政府から独立した立場をとっているはずの中銀が、（離脱合意案の議会採決までの数週間のタイミングで、可決によって合意なき離脱を回避するという）政府の意向を後押しするように、ブレグジットによる経済への影響として、極端に悪いシナリオを出したことに、シティの金融市場関係者は失望していたのが本音だろう。さらに、問題はこれらの警告が、いかに事実や数値によってきちんと裏付けられていたとしても、またしても恐怖キャンペーンだと片付けられてしまうということであった。国民投票時の恐怖キャンペーンはむしろ逆効果で、残留派敗因の一つといわれている。2018

年11月のBOEのシナリオ提示は、むしろ強硬離脱派の結束を強め、合意な
き離脱の可能性を高めかねないことが懸念されていた。

■合意なき離脱の世界経済・在英日本企業への影響

　一方、2019年4月にIMFが発表した世界経済見通しのなかでのブレグ
ジット分析では、仮に合意なき離脱が起こったとしても英国のGDPに対す
る全体的なマイナス効果は2021年末までに約3.5%としていた。その大半は
関税および非関税障壁の高まりによる影響であるが、緩和的な金融政策を維
持し、賃金や物価が調整され、（企業や家計が輸入品を）国産品で徐々に代替
していけば、中期的に経済はやや回復すると結論づけていた。

　また、EUのGDPは2021年末までに0.5%減少すると試算し、この英国と
EUのGDP低下が世界経済に対する影響（同0.2%減）のほとんどに相当する
とした。このため、EU以外の国・地域への影響は限定的という試算を示し
ていた。なお、英国と日本の経済関係をみると、日本の国・地域別輸出金額
（2018年、81.5兆円、財務省「貿易統計」）に占める英国の割合はわずか1.9%
（1.5兆円）にすぎない。英国からみてもEU域外国との貿易において日本の
占める割合は3.2%（2018年、EU統計局）と、米中に比べ存在感の小ささは
否めないだろう。ただし、日本の対外直接投資残高（2018年12月末、総額
173.7兆円、財務省・日本銀行「国際収支統計」）における英国の割合は9.8%
（17兆円）となり、英国に進出している日系企業の数（2017年10月時点、986
社、外務省「海外在留邦人数調査統計」）は相応に多い（**図表2－7**）。

　さらに国連貿易開発会議（UNCTAD）は、2020年2月に、"Brexit Be-
yond Tariffs：The role of non-tariff measures and the impact on devel-
oping countries" と題する報告書を発表している。これは、EUの関税同盟
から離脱することで賦課される関税のインパクトではなく、英国がEU規制
から乖離することによって発生する非関税障壁のコスト（通関処理や規制へ
の順守コストに加え、製造試験や認証取得、それに伴う書類作成等の間接的なコ
スト）が、関税の3倍近くまで上昇することを警告している。さらにこの報

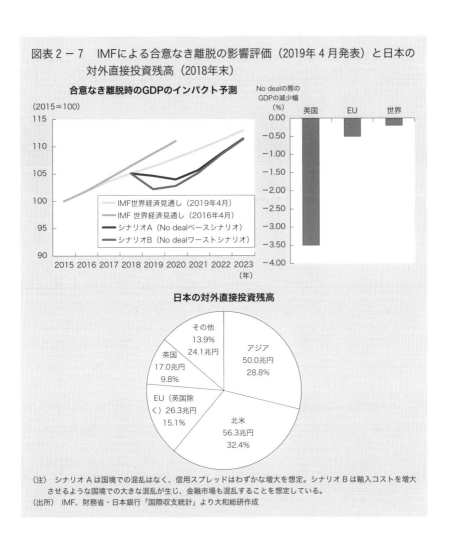

図表 2 － 7　IMFによる合意なき離脱の影響評価（2019年 4 月発表）と日本の
対外直接投資残高（2018年末）

合意なき離脱時のGDPのインパクト予測

（2015＝100）

IMF世界経済見通し（2019年4月）
IMF 世界経済見通し（2016年4月）
シナリオA（No dealベースシナリオ）
シナリオB（No dealワーストシナリオ）

No dealの際の
GDPの減少幅
（%）　　　英国　　EU　　世界

日本の対外直接投資残高

その他
13.9%
24.1兆円

アジア
50.0兆円
28.8%

英国
17.0兆円
9.8%

EU（英国除
く）26.3兆円
15.1%

北米
56.3兆円
32.4%

（注）　シナリオ A は国境での混乱はなく、信用スプレッドはわずかな増大を想定。シナリオ B は輸入コストを増大
させるような国境での大きな混乱が生じ、金融市場も混乱することを想定している。
（出所）　IMF、財務省・日本銀行「国際収支統計」より大和総研作成

　告書は、移行期間終了後にEUとの包括的な通商協定が締結されず、2021年
以降に実質的な合意なき離脱となった場合に、非関税障壁の影響も加わり英
国の対EU輸出は14%減少し、年間最大320億ドル減少すると試算している。
EU市場は、英国の輸出の46%を占めるため、英国経済への打撃は相当大き

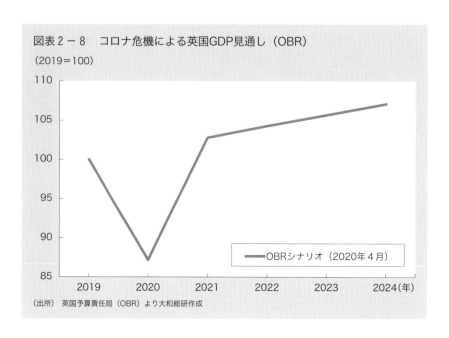

図表2-8　コロナ危機による英国GDP見通し（OBR）

(2019＝100)

OBRシナリオ（2020年4月）

（出所）英国予算責任局（OBR）より大和総研作成

なものとなると結論づけていた。

■コロナ禍で合意なき離脱が起きた場合

　英国に製造拠点を置く海外自動車メーカーの撤退示唆や、英国中銀が最悪の事態に備えることを促すなど、合意なき離脱を懸念する声は2019年の離脱協定交渉時に聞かれたものと似通ってきていた。さらに、コロナ危機により英国経済はすでに甚大な損害を被り、英国の2020年4月の経済成長率は前月比マイナス20.4％を記録した。4月の数値は月次統計が始まった1997年以来、最大の減少幅であり、2008年のグローバル金融危機時の経済減速をはるかに上回るものである。このタイミングで、合意なき離脱により貿易障壁が増え、港湾施設での混乱が起き、関税や数量割当てが復活した場合には、英国経済への問題はさらに深刻になる。英国予算責任局（OBR）はコロナ危機の影響により2020年だけでもGDPが13.8％も縮小することを予想していた

（図表 2 - 8 ）。

　さらに、英国政府が2018年に発表した分析では、合意なき離脱により15年にわたり英国GDPは残留時に比べ最大15%縮小するとしていた。

5 保守党の緊縮財政との決別、コロナ禍での財政赤字の拡大

COLUMN

寿司には軽減税率を適用？

―緊縮財政を継続していた2019年当時の英国とギリシャ―

2019年夏、久しぶりにギリシャを訪問する機会があった。当時は、2015年のギリシャ危機再燃より続く緊縮財政の真っ只中であり、あらゆるインフラが老朽化したまま放置されているかのようだった。高速道路を走っていても、センターラインを含む車線が至るところで消えており、正直怖い。車線を引き直す予算がないようだ。グローバル金融危機から10年以上経ち英国ではその記憶も薄れつつあるいまでも、ギリシャ国内の社会、経済には甚大な影響が残っている。

また特に興味をもったのは、買い物をしたときレシートで気づかされた軽減税率である。ギリシャでは日本の消費税に該当する付加価値税（VAT）の軽減税率が細かく設定されており、小さなお店でもレシートにわかりやすく表示されている。ギリシャ危機が再燃した際に、EUからの支援プログラムを受けるのと引き換えに、VATの標準税率は24％まで引き上げられた。軽減税率には6％と13％があるが、レシートに詳細に記載されているため、後からでもチェックできるし、個々の商品にどれだけ税金を払っているのか明確にわかる。ギリシャの物価は英国より相当安いが、子ども服などは標準税率の24％が適用されるため、むしろギリシャのほうが高いぐらいである。苦しい財政状況を反映しコーヒーやたばこ、ビールといった嗜好品だけでなく多くの日用品に対しても標準税率が課されている。レシート上の税率表示は、次回以降、少しでも税金が安いものを探すのに役に立つ。

一方、英国のVATの標準税率は20％である。軽減税率はゼロ％と5％が導

入されている。ただ英国のレシートの表記はお世辞にもわかりやすいとは言いがたい。英国では食料品の多くがゼロ％税率なので、多くの店では値札にも内訳表示がないため、正直あまりVATを意識することはない（子ども服もゼロ％税率）。また英国ではチョコレートケーキはゼロ％税率である一方、板チョコは20％の標準税率であるなど不思議な点もある。アフタヌーンティーの文化からか、ケーキは日常的な食べ物と考えられるのだろうか。テイクアウトも冷たいままのサンドウィッチであれば、ゼロ％税率であるが、温かいハンバーガーは20％など複雑である。

　なお、最もVATの判断がむずかしいものの一つといわれているのが、最近ロンドンでも大人気の寿司である。生魚は基本的にゼロ％税率であるため、寿司をテイクアウトすれば、VATは掛からない。ただこれは店によって判断が異なっており、シャリの部分が温かいという理由で20％課税するケースも多い。「温かい」の判断基準は常温以上であるため、ある程度シャリを冷まして出せばVATを払わなくてもいいと判断する店もあるなど、対応が異なっている（炙りトロサーモンなどはネタとして最も判断に苦しむはずだ）。

　ちなみに日本では2019年10月から消費税率が10％に引き上げられたのと同時に、8％の軽減税率が導入されたが、レストランのテイクアウトは、食べ物の温度によらず軽減税率が適用されている。欧州ではVAT軽減税率導入は早くから行われており、ギリシャでは1987年から、英国では1995年（VAT自体は1973年）から始まり、調整と変更が繰り返されてきた歴史がある。

COLUMN
英国版Go Toキャンペーンは大成功に終わる

　英国では2020年8月より日本のGo Toキャンペーンと同種の催しとして、「Eat Out to Help Out」と呼ばれる外食半額スキームが導入された。同スキームは、8月の月曜から水曜限定で、スキーム参加店で外食費用の最大50％を政府が負担する、英国では初めての試みである（ただし一人につき10ポンドの

上限あり）。英国では他の欧州諸国と比較してもロックダウンが長期化し、飲食店・宿泊業セクターの月次GDPをみると、コロナ危機が始まる直前の2月と比較して、6月にはマイナス83.4％と大幅に低下していた。

　同スキームは効果てきめんであり、参加は8万4,000店に及び、開始当日には店舗前に長い行列ができるほどだった。月を通して盛況が続き、店舗によっては8月中の月〜水曜日は予約がほとんどとれなかったくらいだ。宴席やパーティーは別として、プライベートではほとんど外食をしない筆者ですら、さすがの安さと物珍しさもあって、久方ぶりに飲食店に足を運ぶほどであった。テイクアウトは対象外のため、テーブル予約ができないときは、店内のミニスタンドで立ち食いし、無理やり割引を受ける人も続出するなど、スナーク財務相の思惑どおりの状況となった。1日3回同じ店に行く猛者もいるなど、毎週、平日の昼間から、あちらこちらの飲食店が大盛況の賑わいをみせた。

　さらに同スキームが導入された最初の週の月〜水曜日において、夕方6時以降の英国繁華街やショッピングセンターへの来場者数は18.9％増、12〜14時では9.6％増を記録しており、同スキームが外出を促したものと受け止められている。直接的には外食産業への支援策ではあるが、外食に出た消費者が買い物をすることで、リテール産業にも恩恵があったことが示唆されている。また景気刺激策の一環として、飲食業や観光産業にかかるVATが20％から5％にまで引き下げられているため、なおさらお得感が強くなっていることも影響している。さらに、英国政府が当初、夏休みを国内で過ごすよう推奨していたことも手伝い、通常であれば海外旅行に出ていた人の多くが、国内での消費に切り替えたことも功を奏した。

■保守党は拡張財政を志向

　2019年12月の総選挙に大勝した保守党は、2010年に政権についてから9年間続けた緊縮財政から一転し、道路や学校など、新たな公共投資を拡大する政策を打ち出している。保守党は2010年に自由民主党と連立政権を組むと、

オズボーン財務相（当時）が、金融危機を受け悪化していた財政健全化を最優先として緊縮財政を敢行した。2016年の国民投票の後、後任のハモンド前財務相のもとでも、構造的財政赤字を2020年度までに対GDP比2％未満とするなどの財政ルールを決定し、緊縮財政は継続された（**図表2−9**）。

ただ2019年12月の総選挙での保守党のマニフェストをみると、均衡財政達成や構造的財政赤字を抑制する当初の目標は変更されている。新しい財政ルールとして、①均衡財政（公共部門純投資額を除く財政収支が対象）の達成時期を、次の議会会期の半ば（2022年央）とする、②年間の公共部門純投資額もGDP比3％までと現行の2％の上限から大きく増加させる、③債務返済費用を歳入の4.6％未満から6％未満に引き上げる、の3点を提示している。これらにより220億ポンドの追加支出（5年間の総額で1,000億ポンド）が可能になるという。

また保守党は、マニフェスト発表前には公共投資の拡大のみならず、法人

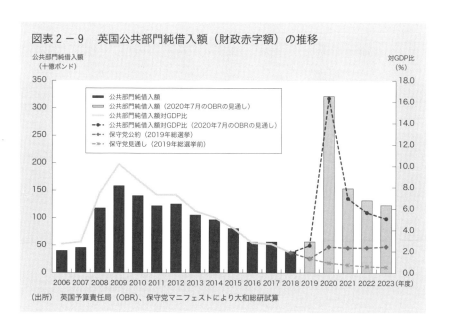

図表2−9 英国公共部門純借入額（財政赤字額）の推移

（出所）英国予算責任局（OBR）、保守党マニフェストにより大和総研試算

税減税や、所得税や燃料税引下げの方針も示していた。マニフェストでは減税方針は凍結したものの、総選挙に大勝したことにより、当初の減税方針を再度検討する可能性も高いとみられていた。そうなると、英国では財政面での不確実性が当面続き、通貨ポンドの下振れリスクが生じることが予想されていた。

■新型コロナウイルス感染症対応でさらなる財政拡大を模索

　2020年3月11日にスナーク財務相から発表された2020年の財政予算では、2019年12月の総選挙公約で掲げたように、緊縮財政に明確な終止符を打つ30年ぶりの大規模な財政出動が示された。予算には、今後5年間の公的支出やインフラプロジェクトを拡大する方針のほか、コロナウイルスの影響を抑制するための300億ポンド規模の景気刺激策や、燃料税や酒税の引上げ凍結などが含まれていた。また新型コロナウイルス感染症の感染拡大による経済への打撃に対する懸念から金融市場の混乱が続き、3月17日スナーク財務相は追加で3,500億ポンドの景気刺激策を発表した。さらに、そのわずか数日後に、新型コロナウイルス感染症による封鎖策により打撃を受けた企業が一時解雇をせずに従業員を維持した場合に、その給与を過去3年間における月間平均給与の最大8割（平均所得を若干上回る月額2,500ポンドまで）政府が補償する一時帰休スキームとしてコロナウイルス雇用維持スキーム（CJRS：Coronavirus Job Retention Scheme）を発表している。

　しかし当初、この一時帰休スキームに自営業者やフリーランサーが含まれていなかったことに批判が集中した。これに対し、3月26日に英国政府は、自営業者やフリーランサーに対する支援策（コロナウイルス自営業者所得支援スキーム）を発表した。自営業者も過去3年間における月間平均利益の8割に相当する助成金を申請できる。この措置は、所得が5万ポンド未満の自営業者（自営業者の95％に相当）が給付の対象になる（**図表2－10**）。

　さらに、新型コロナウイルス感染症による健康上の被害はもとより、経済への打撃が日に日に明らかになり、政府は毎日のようにアプローチの変更を

図表 2 −10　新型コロナウイルス感染症に対応した英国の主な財政支援政策

雇用支援	実施期間（備考）
コロナウイルス雇用維持スキーム（CJRS）	2020年3月〜2021年4月
一時帰休となった従業員の給与を8割政府が補償（月2,500ポンドまで、最長3カ月）。企業は社会保険と年金拠出分のみを負担（3月20日発表）。当初3カ月の予定が、その後10月末まで延長（5月12日発表）。感染の再拡大により12月まで再延長（10月31日発表）し、さらにロックダウン導入に伴い、2021年3月末まで再々延長（11月5日発表）。12月7日に同年4月末まで4回目の延長を発表。	
雇用支援スキーム（JSS）	2021年4月（予定） ※CJRS延長により実施延期
勤務しなかった残りの時間に対し、従業員は3分の1の賃金を返上、5％を雇用主、残り62%を政府が負担する。従業員が通常就労時間のうち少なくとも20%勤務すること、また解雇予告の対象外であることが条件。中小企業はすべて受給資格があるが、大企業はコロナ危機によって打撃を受けたことを示す必要がある（9月24日および10月22日発表）。	
雇用維持ボーナス	2021年4月（予定） ※CJRS延長により実施延期
一時帰休スキームの対象となった従業員を2021年1月末まで継続して雇用した場合、従業員1人当り1,000ポンドを事業主に給付（7月8日発表）。	
コロナウイルス自営業収入支援スキーム（SEISS）	2020年3月〜2021年4月
コロナ危機の影響を受けた自営業者に3カ月分一括で給付金を2回支給。1回目は過去3年の月額平均利益の8割（上限7,500ポンド）、2回目は同7割（上限6,750ポンド）を支給（3月26日発表）。2020年11月より6カ月延長（11月2日発表）	
キックスタートスキーム	〜2021年12月
ユニバーサルクレジットを受給し長期失業のリスクにある16〜24歳に6カ月の就業体験の場を提供する企業に対し、法定最低時給で週25時間の賃金、関連する社会保険費用、自動加入年金拠出金を政府が負担。	
就職先探し、スキル、見習い制度支援	2020年8月〜2021年1月
2020年8月〜2021年1月末までに新たに見習い訓練制度の場を提供した企業に追加の給付金（25歳未満なら2,000ポンド、25歳超なら1,500ポンド）など。	
企業支援	
食品、宿泊、アトラクションにかかるVAT引下げ	2020年7月15日〜2021年3月31日
レストランやパブ、バーやカフェなどで提供される食品、非アルコール飲料、宿泊や動物園などのアトラクションへの入場料にかかるVATの一時引下げ（20％→5％）。2021年1月12日までから3月31日終了に延長（9月24日発表）。12月7日に同年4月末まで	

4 回目の延長を発表。	
Eat Out to Help Out	2020年 8 月の月〜水曜日 ※終了
オンラインで登録した参加企業で 8 月の間、月〜水曜日に外食した際の費用（非アルコール飲料含む）を一人につき50％オフ（最大10ポンドの割引まで）とする。割引分は政府が負担し、参加企業には 5 営業日以内に還付（ 7 月 8 日発表）。	
ホスピタリティ・宿泊・娯楽産業への支援	2020年 4 月〜
2020年度に小売・ホスピタリティ・娯楽業の事業者はすべて事業用固定資産税を免除（ 3 月17日発表）。コロナ危機で打撃を受けている企業（ホスピタリティや宿泊、レジャーセクターを中心に）月額最大2,100万ポンドの助成金（10月22日発表）	
VAT支払繰延べ	2020年 4 月〜
VATの支払を2021年 3 月に繰延べした企業を対象に一括支払の免除（要申請）。11カ月にわたり、分割した返済（無利子）が認められる（ 3 月20日発表）。	
その他・世帯への支援など	
印紙税（不動産所得税）の一時的削減	2020年 7 月〜2021年 3 月
印紙税率 0 ％が適用される閾値を12万5,000ポンドから50万ポンドに一時的に引上げ（ 7 月 8 日発表）	
自己申告による税の繰延べ	〜2022年 1 月
自己申告による税の納付繰延べをした人で、未納税債務が 3 万ポンド未満の場合は、猶予期間がさらに12カ月延長し、2022年 1 月末までの猶予が認められる（ 9 月24日発表）。	
住宅ローンの支払猶予	2020年 4 月〜2021年 4 月
住宅ローンの支払を 3 カ月猶予（ 3 月17日発表）。その後10月末まで延長（ 5 月22日発表）され、さらに最長 6 カ月延長（10月31日発表）。	

（出所） 英国財務省より大和総研作成

余儀なくされていった。 5 月12日、スヌーク財務相は 6 月末に終了することが決定していたコロナウイルス雇用維持スキームを 4 カ月延長し、10月末まで実施することを発表した。

■感染再拡大がとまらず、二転三転する雇用支援スキーム

二度目のロックダウンが開始された2020年11月 5 日、スヌーク財務相はコロナウイルス雇用維持スキームを2021年 3 月末まで延長すると発表した。コ

ロナウイルス危機による制限措置や経済低迷により、全休あるいは時短労働で一時帰休の対象となった労働者の（未就労時間に対する）賃金の8割、月額上限2,500ポンドを政府が補償する同スキームは当初10月末で終了する予定だった。しかし新型コロナ感染拡大の第2波を受け、いったん12月末まで再延長し、さらにロックダウン再導入による再々延長となった（さらに12月7日に2021年4月末まで4回目の延長も発表）。

スナーク財務相は、CJRSの終了が近づくにつれ失業者大量発生の懸念が高まったため、9月24日にその後継プログラムとして、11月から開始される雇用支援スキーム（JSS：Job Support Scheme）を含む冬季経済計画を発表した。さらに10月22日にはJSSの拡大を発表した。後手に回る政府対応への批判が高まるなか、10月22日にはJSSにおける雇用主の拠出分を引き下げている[38]。JSS開始予定日のわずか1週間前の修正だったが、CJRSの再々延長を受け実施は半年後に延期されている。約1カ月の間に三度の変更を実施したことに対し、財務相は冬季の安心材料を提供するためであり、数百万人の雇用保護になると、変更が続いた理由を説明している。実際には、ロックダウンの長期化に備え、雇用支援政策をUターンせざるえない状況に追い込まれたとの見方が強い。CJRSの再々延長により、9月23日以降に解雇された従業員も再雇用され、同スキームの対象になる。自営業者向けの支援も11月2日、5日と続けて変更し、2020年11月から2021年1月までは過去の平均利益の8割（最大7,500ポンド）が支給されるまで拡大された[39]。

---

[38] JSSは当初、コロナ危機により通常就労時間のうち少なくとも3分1働くことを支給条件とし、就労できなかった時間の賃金のうち3分の2を補償。政府と雇用主がその3分の1ずつを負担する形態だった。しかし雇用主の拠出分が高すぎるため大量の余剰解雇を招くと懸念され、雇用主の拠出は3分の1（33％）から5％にまで大きく引き下げられた。また就労時間も3分の1（33％）から5分の1（20％）に引き下げられた（1週間に一日働けば支給対象になる）。

[39] ただし、新たに自営業者として活動を始めた人や、配当金として収入を得ている人やフリーランサー、過去に収益が5万ポンド以上あった個人事業主はスキーム対象にならない。

■多難な財政問題が待ち受ける英国

　政府の方針転換の背景には、CJRSが終われば、失業率が急上昇する可能性が取り沙汰されていたことにある。英国統計局（ONS）の発表によれば、CJRSの段階的終了を受けて、失業率は2020年7〜9月期（3カ月中心移動平均値）で4.8％と前期（同6〜8月）の4.5％よりもさらに上昇していた。失業者数は24.3万人増の162.4万人と2009年5月以来の大幅な増加となった。また9月初めの段階で依然として一時帰休スキームの対象となっている従業員は約300万人にのぼる。同スキーム終了が当初の予定どおり10月末に終了されていた場合、2020年末までに失業者が倍増以上の400万人にまで増える可能性が指摘されていた。

　またコロナ危機対応を受け財政赤字は、2020会計年度の最初の5カ月で2,212億ポンド近くにまでのぼり、前年同期（558億ポンド）の約4倍増となった（**図表2－9**）。

　会計年度のこの時点における額として、36年前の統計開始以来の最高額をはるかに凌駕する。これにより、公的債務残高は対GDP比で100％を超え、1960年代初頭以来の事態となる（**図表2－11**）。

　英国予算責任局（OBR）の7月の見通しでは2020年度の財政赤字は3,320億ポンドとなり、このままでいけば過去最大の財政赤字額を記録するものとみられている。保守党が2019年の選挙公約で、9年間続けた緊縮財政から一転し、道路や学校など新たな公共投資を拡大する方針を示していたものの、それをはるかに上回る財政支出を余儀なくされているのが現状である。スナーク財務相は当初、前例のない規模の経済支援は時限的なものにしなければならないと、CJRSの延長はしない方針を明確にしていた。しかし度重なる延長に追い込まれ、終わりがみえない状況が続いていたといっても過言ではない。

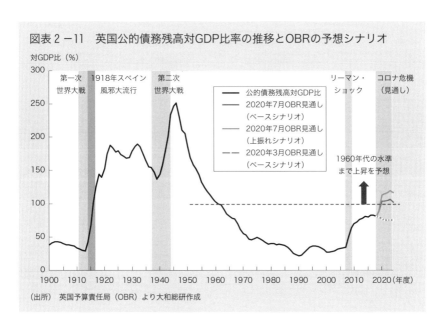

図表 2 −11　英国公的債務残高対GDP比率の推移とOBRの予想シナリオ

対GDP比（％）

凡例：
公的債務残高対GDP比
2020年7月OBR見通し（ベースシナリオ）
2020年7月OBR見通し（上振れシナリオ）
2020年3月OBR見通し（ベースシナリオ）

第一次世界大戦　1918年スペイン風邪大流行　第二次世界大戦　リーマン・ショック　コロナ危機（見通し）

1960年代の水準まで上昇を予想

（出所）　英国予算責任局（OBR）より大和総研作成

第 **3** 章

今後の金融街シティは

Youはなぜ、金融街シティへ？―女性の活躍で復活した金融街―

　ちょうど、赴任から1年が過ぎた2014年頃の話である。娘が通っていた当時のロンドンの保育園にはさまざまな人種が集っていた。それを感じさせたのが、年長のクラスに上がるにつれ、お誘いが増えてきた誕生日会だ。一応クラス全員に声掛けされるのであるが、あまり親しくない友達の会にまで行くと週末がすべて埋まってしまう。たまに「花火もあるから来てね」といわれ、英国にも日本のような手持ち花火があるなら娘も喜ぶかなと思うと、豪華な打ち上げ花火だったりする裕福な家庭もある。だいたい費用はすべて主催者もちであるため、恐縮してなるべく自宅での少人数の会に出席する程度である。

　しかし、娘の大の仲良しの友達の誕生日会のお誘いがあり、その会ばかりは家族全員で参加することとなった。参加するとなると意外と楽しみであり、早朝に娘を保育園に送る時にいつもすれ違う顔見知りの父親が（ロンドンでは朝は父親が子どもを送迎するケースが多い）、どういう背景からロンドンで働いているかを調査する絶好の機会にもなるからだ。

　当日、プレゼントを用意して友達宅へ行くとすでに同じクラスの7人の子どもたちと、その両親が集まっていた。さっそくどこの国の出身かを聞いてみると、G7＋ロシア＋オランダ、スペイン、シンガポールといった国々がちょうど1人ずつそろっていた。相変わらず多国籍な街だなと感心するとともに、相手も同じことを思っているようで、お互いにロンドンで何をしているかの話になった。今回は驚くことに金融街シティに勤める共働きの金融関係者の両親がほとんどであったため、特に身の上話に花が咲いた。

　皆の関心がいちばん集まったのは、世界中にある金融街のなかで、なぜロンドンを選んだかという動機。今回の参加者で赴任者は私とフランス人の2人だけであったが、いつかは駐在のチャンスもあるだろうと思う各国の金融スペシャリストが、なぜ、自国での華々しいキャリアと年収を捨てて、あえてシティへ来たかにも興味があった。

そのなかでも最も多かった意見が、父親ではなく、母親のキャリアを第一に考えたというもので、これには衝撃を覚えた。

　金融街シティで一攫千金というのは昔の話であろう。英国では、リーマン・ショック以降の所得税率のアップや、高い社会保障費、ボーナスの報酬制限も加わり、昔ほど高額な報酬は期待できない。また追い打ちをかけるように、住宅価格の高騰に伴い、ロンドンの極小２LDK住宅の家賃はニューヨークや東京以上に高額となっている。稼ぎが少なくなった分、最近のシティでは共働きが当たり前であり、女性の金融スペシャリストが多く活躍する傾向が強くなっている。当然どこの国でも職場結婚は多く、夫婦そろって金融スペシャリストであることは珍しくない。ただし、どこの国でも事情は似ており、女性のほうは、子どもが生まれると海外出張が多いなどの理由で現職を諦めざるをえないケースが多いとのことだ。そういった夫婦が結婚を機に金融街シティへ渡り、お互い仕事をしながら子どもを産み育てることがロンドンではできると判断していることは興味深い事実であろう。

　ロンドンに来れば多国籍な人々がすべて英語でコミュニケーションをとれるという安心感と母親が働きながらも子どもの教育が充実するということが、大きなモチベーションにつながっているようだ。特に多国籍な街であるがゆえに選択できる母国語のナニー（ベビーシッター）や、長時間の保育園も多く（朝７時から12時間預かってくれる。わが家もフルで活用した）、食事、読み書きの授業付きの保育サービスもある。日本のように保育園と幼稚園などの区別もなく、毎日、お弁当をもってこいなどとはいわれない。要するに女性にとって自身のキャリアと子どもの教育が両立できる最良の街であるということである。

　1990年代にロンドンに赴任したことがある金融機関の社員が出張で来る際、口をそろえていうのは、こんなにロンドンの景気がよくなるとは思わなかった、ということである。2000年代の景気回復局面が、ちょうど、EUが積極的な移民政策を実施した時期と重なるのは偶然ではないであろう。もともと難民や亡命者のみならず、経済移民をも広く受け入れてきた歴史をもつ

英国では、永住移民の流入が多く欧州のなかでも移民に寛容な国であった。ブレグジットにより大きく流れが変わったという意見もあるが、少なくとも金融街シティでの就職は人種で区別されることはなく、能力第一主義であることはいうまでもない。移民政策により、金融街シティに多くの外国人が集い、好景気を形成したといっても過言ではないであろう。特に、子育ても自分のキャリアもと考える女性にとって、ここまで働きやすい街も珍しく、優秀な女性外国人を引き付けたともいえる。まさに女性の活躍で成功した金融街のモデルケースとして参考になるのが現在のシティなのかもしれない。

1 相互認証を諦め 同等性評価に舵を切る英国政府

■合意なき離脱と同等の影響が英国金融セクターに起こるのか

英国の金融街シティが英国・EU間での通商協定の内容で注目していた点は、どれだけ金融サービスの協定がどこまで含まれているかであった。メイ前首相時代にEU単一市場離脱の方針が立てられたため、金融パスポートの失効は決定している。ただし、政治宣言のなかで金融サービスについての規制や監督面での「緊密かつ体系的な協力」と明記されているため、通商協定のなかに、同等性評価（equivalence）や相互認証（mutual recognition）のような金融サービスに対する協定がある程度含まれることをシティが期待していたのが実情だ。

逆にこれが含まれなければ、移行期間終了と同時に実質的に合意なき離脱と同等の影響が英国金融セクターに起こることになる。EU内の金融機関が（同等性評価や相互認証が期待できない）英国証券取引所へのアクセスや、ユーロ建ての金融商品取引などを継続できなくなるため、英国に甚大な影響を及ぼす可能性がある。ただし、金融パスポート制とほぼ同義の相互認証は、すでに政府のブレグジット方針[40]から削除されているなど、政府のバックアップを期待できない状況に追い込まれていた。

一方、政治宣言では、同等性が認定されるための評価を2020年6月末までに完了させるよう、双方が努力することも規定されている。しかし、英国が評価完了を同等性付与の決定と同義ととらえているのに対し、EUは実際の付与には時間がかかると慎重な姿勢をみせていたことも懸念を呼んでいた。

40　EUとの離脱協定合意前に発表された政府方針（2018年7月）。

■セクターにより異なる同等性評価の実態

　現時点で英国の金融規制のスタンダードはEUと同等であり、英国で認可された金融機関が同等性評価によって、EU単一市場へのアクセスを得ることは、ブレグジットにおいて考えられる取決めで最もシンプルな解決策とされている（**図表3－1**）。

　しかし金融サービスは多岐にわたり、EU市場へのアクセスにおいて同等性評価にのみ頼ることは、リスクが高い選択肢といっても過言ではない。商業銀行業務や保険業など、同等性の枠組みが存在しない分野もあり、英国金融機関のなかには同等性の獲得に消極的な向きも多い。投資銀行がEUとのクロスボーダー取引を求める一方、保険会社はEUルールからの解放を求めるなど、英国金融セクターとしてまとまった動きがとれていないとの指摘もある。さらに同等性の付与決定は、政治的なプレッシャーによりどのようになるかわからない不確実性があった。欧州中央銀行（ECB）のドラギ元総裁が、ユーロ建て取引の多くが英国のシティで行われていることに対し、再三にわたり懸念を表明していたことも、不安材料の一つといえるだろう。

■同等性評価は申請に時間がかかるにもかかわらず30日間で取消しが可能に

　また同等性評価の申請は、英国がブレグジット後、あくまでも第三国になった後（2020年1月末以降）から行われたため、移行期間終了後までに同等性が認められるかは未知数である。なお、申請から最大180日間で同等性評価の結論が下されると記述している資料もあるが、申請の前に同等性評価を欧州委員会が行い、同等性が認められた後に、第三国の企業がESMA（欧州証券市場監督機構）に認定登録を申請することとなる。つまり、その登録が認められるかどうかの判断が180日間となっており、同等性評価が認定されるまでにはさらなる時間を要する。ブレグジットにより主権を取り戻すことに躍起となっている英国当局のあり方に鑑みると、金融街シティの自由度を上げるべく、本離脱後（移行期間終了後）すぐにEU規則の変更を行うことは十分想定される。しかしこれは同等性がすぐに損なわれることと同義となる。

図表 3 − 1 各業界別、EUパスポートと同等性認定の現状

金融サービス	EU法（規制対象）	同等性条項の有無	同等性条項が単一市場へのアクセス（パスポートと同等の権利）を意味するか？
投資銀行 商業銀行	MiFID Ⅱ （リテール顧客向け投資サービス）	有	No
	MiFIR （適格およびプロ顧客向け投資サービスおよび活動）	有	Yes （同等性が認められた場合、第三国企業はプロ顧客に対しEU内どこでも活動可能）
	CRD IV/CRR （ホールセールおよびリテール商業銀行業）	無	No （第三国機関に対するエクスポージャーの健全性に関してのみ）
資産運用	AIFMD （プロ顧客向け、非UCITSファンド）	無 （欧州委員会は「同等性」と厳密にとらえてはいないが、ESMAの前向きな助言により、AIFMDは非EUファンドマネジャーに対するパスポート適用拡大の可能性を提供	No
	UCITS Ⅴ（リテール顧客向けでEUに拠点を置くファンド）	無	No
保険	Solvency Ⅱ （保険および再保険活動）	有 （再保険）	Yes（部分的） 同等性が認められた場合、再保険企業に限りパスポート同様の権利付与
		無 （元受保険）	No
市場インフラ	EMIR （CCP：中央清算機関、証券取引所、等）	有	Yes （同等性が認められた場合、パスポート同様の権利がCCPに付与）

（出所） 大和総研作成

さらに同等性評価を取り消すことについては、EUの一方的な裁量により決定される。通知から撤回までが30日間ときわめて短期間な点を問題視する声がシティでは根強い。2020年２月13日には、金融サービス業界団体である国際規制戦略グループ（IRSG）が、シティオブロンドン自治体およびロビー団体であるTheCityUKの支援のもと、欧州委員会のドンブロウスキス金融サービス担当委員宛てに、同等性評価システムを改善することを求めた提案書を提出した。この提案書では、ロンドンに拠点を置く金融機関にとって、30日という限られた通知期間は事業の混乱を招くため、改善することを要望の骨子としている。実際にスイスのようにEUの裁量により一方的に撤回された事例があり、同等性評価をめぐり政治的な意向が反映されることへの危機感もある（後述）。

■EU当局が早期に同等性評価を認定する可能性は低かった

　EU金融規制当局はシティから覇権を奪うことを画策しているとされるなか、現実的に考えて、2020年末の締結期限まで残り数カ月の状況で、EUが妥協する可能性は低かったといえる。

　通商協定交渉にあたり、金融サービスに関する方向性を明確に示してこないEUに、過度に期待することはできない。英国の証券取引所やデリバティブ清算機関などに、EUからのアクセスを容認させる内容が規定されなければ、英国金融セクターは、EU規制と乖離して独自の道を歩まざるをえないことが予想される。規制緩和で成功したシンガポールの例もあるが、英国とはそもそも国の規模が大きく異なり、模倣することは現実的な選択枝ではない。同等性評価を確保していくために、離脱後もEU規制を順守していく道もあるが、英国の環境と相いれないEU規制への順守を強要されれば、EU離脱のメリットを享受できず、今後の成長を望むことはできない。そうなると、今後の英国が目指す選択肢の一つは、同盟国であり世界最大の金融センターを抱える米国の規制内容により近づけることがあげられる。

　ただジョンソン政権にとって、EUと米国とどちらの規制にあわせていく

かはむずかしい選択になるだろう。EUが健全性ルールや資本要件を厳格化し、規制対象を拡大しているのに対し、米国はトランプ政権下で大きな方向転換を図っていた。システム上重要な銀行の資本要件を引き下げ、ストレステストや消費者・投資家保護を緩和するなど、世界金融危機後に導入された金融規制の中核要素を除去しつつある。米国のような規制緩和を英国で行うことで、大きな恩恵を受ける投資銀行もあるため、EU離脱を契機に規制緩和を求める声が多いことはたしかだ。ただし、実際に規制緩和ともなれば、世界金融危機の再来から英国国民を守るため、苦労して導入してきた規制を損ない、金融市場におけるシティの地位を揺るがすことは間違いない。

　ジョンソン政権が規制緩和に踏み切るかどうかは、今後のEUとの通商協定交渉の行方次第である。ただ金融サービスについて英国が望む条件が確保できなければ、EUルールからの乖離が起こるというシナリオが現実味を帯びてくるだろう。

■英国の同等性評価取消しの対応策

　この流れを受け、（新型コロナウイルスの世界的流行に端を発する危機も災いし）金融街シティでは、最悪の事態への備えをする動きが加速していた。英国中銀ベイリー総裁は2020年6月初め、金融機関に対し、合意なき離脱に対する準備を早めるよう促していた。

　英国はEUによる一方的な同等性評価撤回をむずかしくするため、同等性評価決定に関する合同管理体制を提案していた。英国が最も警戒しているのは、同等性評価が突然一方的に取り消されることであろう。実際にスイスのように政治的な意向から撤回された事例があり、杞憂に終わらない可能性はおおいにある。スイスはEUに加盟しておらず、金融サービスについてはEUからの同等性評価を得ることで、EU単一市場へのアクセスを確保していた。しかし、スイスのEUからの移民受入拒否の検討などを受け、EUは2019年7月をもってスイスの金融サービスの同等性評価を取り消した（**図表３−２**）。

　EUは英国が長期的にはEU規制から背離していくことを懸念し、合同管理

図表 3 － 2　スイスの同等性認定の取消し

年月	経緯
2017年12月	EUがスイスの証券取引施設に関し、暫定的な第三国市場同等性認定を授与。
2018年11月	証券取引施設に関する同等性認定が撤回された場合、域内でのスイス株式の上場・売買を原則制限するなどの対抗措置案をスイス当局が発表。
2018年12月	スイス政府が制度的条約締結に関する公的諮問を開始。EUはこのプロセスを見守るため、同等性認定を2019年6月末まで再延長を決定。
2019年6月	スイス連邦財務省が同等性認定の撤回時に対抗措置を施行すると発表。
2019年7月	EUがスイスの同等性認定の有効期間終了を発表。スイスが対抗措置を発動。

（出所）スイス政府、欧州委員会より大和総研作成

体制の提案は拒否した。移行期間終了時点で英国の金融規制はEUと同一のため、同等性認定の付与が妥当とされているが、EU側の一方的な決定という点は変わらない。

■難航する同等性評価獲得

英国政府は、EUとの将来的な関係性をめぐる協定交渉開始以来、金融サービスに係る同等性評価を求めるという姿勢を貫いてきた。しかし、直近の言動からは、同等性評価獲得よりも、EU規制からの背離によるメリットを選ぶという政府方針が示唆されており、英国の金融サービス企業には離脱後、EU市場へのアクセスに関し、規制順守コストが増大する可能性が高まっていた。

英国金融サービスの対EU取引高は年間300億ポンドと英国経済に重要な貢献をしている。最近の協定交渉では楽観的なトーンも報道されているが、全面的な同等性評価の可能性は低いという（**図表 3 － 3**）。

その理由として、まず財務省が6月後半に発表した、2021年に向けた英国金融ルール草案の内容があげられる。草案では、移行期間終了後に英国が金融規制に関し、EUの制約を外れ独自の決定を下せるようになるため、変化が起きることが示唆されている。さらに2020年6月末にスナーク財務相がス

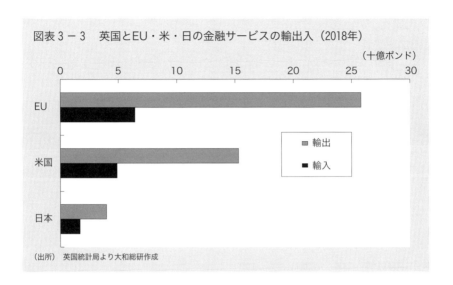

図表 3 − 3　英国とEU・米・日の金融サービスの輸出入（2018年）

（十億ポンド）

（出所）　英国統計局より大和総研作成

イスとの二国間金融サービス協定交渉開始を発表した。その際に、EU離脱により、自らの行き先を自由に決めることができる、と発言しており、ここでもEU規制からの背離が示唆されていた。

　スイスとの交渉開始は、同等性評価獲得が政府方針の主要部分ではなくなったという変化を示すものと受け止められている。またその数日後、同等性評価について政治的な論争が勃発している。英国が評価に必要な書類をなかなか提出しないとEUが不満を示したが、英国高官はこれを真実ではないと一蹴している[41]。同等性評価獲得の可能性は日増しに低くなりつつあり、EUに金融サービスを輸出している企業は今後残り数カ月で、離脱後のビジネスのあり方、それに伴うコストを再検討しなければならなくなった。

41　英国は同等性評価のための書類をすべて提出している。当初の期限から 2 週間遅れとなったが、計28の評価に必要な2,500ページ以上の書類をすべて整えたという。

② 実質的に合意なき離脱となった金融 サービスと乖離する金融規制のリスク

■ベイリーBOE新総裁とブレグジット後に乖離する金融規制

　2019年12月20日、BOE（英国中央銀行）は、FCA（英国行動監視機構）のベイリー長官（当時）が約7年任期を務めたカーニー総裁の後任として2020年3月15日より就任することを発表した。ベイリー総裁は1985年にBOEに入行した生え抜き行員であり、総裁秘書や国際経済分析を担当した後に、副総裁を務めるなど、セントラルバンカーとして広範な役職を経験してきた。さらに、戦後のイラクにおける新通貨発行に携わり、ノーザン・ロックの公的救済を取り仕切るなど、困難な課題にも取り組んできた。ただし、（FCA長官という経歴からも示されるように）規制・制度面の見識は豊富でも、金融政策委員会の経験はなく、経済の浮沈を安定させる中銀総裁としての手腕は未知数との指摘があった。

　総裁選出にあたっては、候補者の実績はもちろんのこと、ブレグジットに関するスタンスなど政治的信条までも綿密に調査された。女性で外国出身者という属性からも筆頭候補と目されていた、ミノーシュ・シャフィク氏は、ブレグジット反対の姿勢を明確に示してきたことが、落選につながったとみられている。一方、ベイリー総裁は、FCA長官時代にFCAがブレグジットに対し、特定の見解をもたないと強調したことが功を奏したとされている。EU離脱後の英国がEU規制に従うというコンセプトに反対するものの、英国とEUとの将来的な関係性交渉における通商協定内で同等性評価獲得を推奨するなど、政治的な敏感さを発揮していた。

　ただ金融政策委員会の経験がないため、ベイリー新総裁は就任早々から新型コロナウイルスの混乱に巻き込まれ、多難な船出となっている。すでにゼロ％に近い政策金利に対して、マイナス金利等などの大胆な政策変更は期待

できない。そうなると経済が大きく減速することが予想される今後の対策には、ＢＯＥの政策ツールは限られたものとなる。このため、保守党政府が10年ぶりに実施する財政拡大に頼らざるをえなくなるだろう。また、新型コロナウイルスの収束だけでなく、ＥＵと包括的な通商協定が締結されない限り、英国の持続的な景気回復は期待できない。通商協定をめぐる不確実性がある限り、企業投資は抑制される可能性が高く、賃金に対する下押し圧力や失業率上昇のおそれが生じてくるとの見方もある。総裁任期は8年間に及ぶため、これから続く新型コロナウイルスとブレグジットの荒波を乗り越えるには、政府と緊密に協力するなど、ベイリー総裁が政策手腕を存分に発揮することが求められる。

■規制改革に積極的なベイリー総裁

　2020年2月12日、ベイリー氏は総裁就任前（ＦＣＡ長官時代）の上院で、政治的な判断が、同等性評価に介入することへの懸念を表明している。英国はＥＵの金融規制をすべて国内法に移管しているため、容易に同等性が認められるべきとの批判を展開した。ただ最も大きな問題は、同等性評価が認められた後、容易に撤回されることとしている。ベイリー氏は、英国が金融街としての競争力を上げるためにも、金融規制改革を求めている論者の一人である。ただその際に、ＥＵ規制からの乖離が、同等性評価の撤回につながるべきではなく、ＥＵ側に英国政府の方針を容認することを求めている。ベイリー氏はブレグジット後の規制改革の分野として、報酬規制（ボーナス規制）やソルベンシーⅡ規制の一部、さらに小規模銀行に対する規制簡素化などをあげている。

■デリバティブが最大のリスク

　ベイリー総裁が、より柔軟で永続的な金融サービスの同等性評価をＥＵ側に求める一方、ＥＵ側はこの動きを一蹴しているのが実情である。バルニエＥＵ首席交渉官は、ことあるごとに英国は甘い考えをもつべきでないと、そ

の動きをけん制している。

　仮に同等性評価が承認されなかった場合、最大の懸念はデリバティブ取引であった。英国金融当局者は、中央清算機関（クリアリングハウス）を経由したデリバティブ契約は、（合意なき離脱の際には）金融安定性に対するリスクになりうるとの見解を強めていた。シティの主要なクリアリングハウス[42]は世界中からの金利、クレジット、コモディティ関連のデリバティブの決済を行っており、店頭デリバティブ取引のメインハブとして、ユーロ建ての取引量の8割以上を独占している（**図表3-4**）。

　これは、2008年の世界金融危機以降、G20が金利スワップ等の店頭デリバティブ商品について、クリアリングハウスによる清算を義務づけたことに起

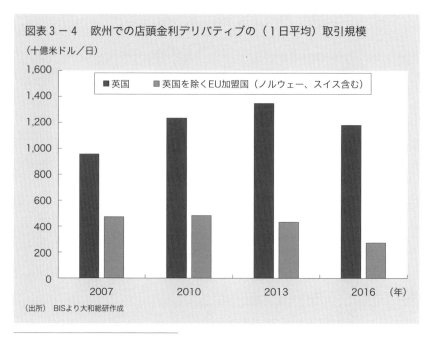

図表3-4　欧州での店頭金利デリバティブの（1日平均）取引規模

（十億米ドル／日）

（出所）　BISより大和総研作成

42　LCHクリアネット、LMEクリア等。特に（ロンドン証券取引所の傘下にある）LCH
　クリアネットは、全通貨における金利スワップの過半数を処理しているとされる。

因している。金融機関から次の危機の火種が検知されないまま、他の金融機関に伝播することを避けるため、大半のデリバティブ契約がクリアリングハウスを経由することが推奨されたためである。世界の店頭デリバティブ市場の6割以上がクリアリングハウスで清算されるようになっているほどである。

　ただEU規制当局は、EU域外に拠点を置くクリアリングハウスの利用を禁止しており、域外の拠点は、EUとの同等性を認定され、適切な規制と監督がなされていると認められた場合にのみしか利用できない。ブレグジット後、第三国となるシティのクリアリングハウスの同等性が認められなければ、EU加盟国の投資家は、シティのクリアリングハウスへのアクセスが認められなくなる。これらのアクセスを失えば、契約当事者は取引コストの急上昇あるいは、市場へのエクスポージャーに対するヘッジができなくなる。金融関係者は混乱を避けるため、効果的な解決策を短期間に導入すべきであると指摘していた。クリアリングハウスの問題は欧州のみならず各国金融市場のリスクに波及する可能性も否めず、金融機関に最も警鐘を鳴らすべき事項ともいえよう。BOEの金融政策委員会はEU金融当局に、デリバティブ契約に関する不透明部分が多いことから、EU離脱時の対応をとるよう要請し、合意なき離脱になれば、約40兆ポンド（約6,000兆円）ともいわれているデリバティブ契約が無効になると警告した。

　英国の金融機関関係者は、移行期間終了後に満期日を迎える契約継続性の問題を、ブレグジットにおける最大のリスクの一つとしてみている。合意なき離脱の場合（同等性評価が期待できなかった場合）、EU加盟国の投資家が保有する、巨額のデリバティブ契約をシティのクリアリングハウスから、割高なEU加盟国等のクリアリングハウスに移動させなければならなくなる。金融機関にとって、契約の移転とは、何千もの契約をクローズさせ、どこかほかの場所で新たなポジションを開く、数カ月はかかるプロセスを意味する。クリアリングハウスはポジションのクローズを求める際に90日の通知期間が必要となるため、合意なき離脱になることが明確になれば2020年9月にはそ

の旨の通知を出さなければならなかった。（第三国からのデリバティブ契約に限らず）シティのクリアリングハウスにおける欧州起点のデリバティブ契約でも、各金融機関は契約の移転に後ろ向きであったり、代替策が見つからなかったりの状態となっていた。

　EUは離脱協定が締結されず合意なき離脱が起こった際に緊急措置として、EU企業が（同等性評価がない）シティのクリアリングハウス（清算機関）へアクセスすることを2020年3月末まで認可していた。離脱合意を伴うブレグジットが実現し移行期間に突入したものの、通商協定は締結までに数年かかることがほとんどであるため、2019年11月に欧州委員会のドンブロウスキス金融サービス担当委員は、この緊急措置の延長を示唆していた。

■猶予期間が設定されたデリバティブ取引

　最終的に欧州委員会は金融取引の混乱を回避すべく、EU金融機関・企業に対し英国に拠点を置く清算機関へのアクセスを時限的に（2022年6月末までの18カ月間）決定した。この決定により、中央清算のように必要不可欠なトランザクショナル・サービスを提供している英国拠点の企業は移行期間終了後も、時限的なアクセスを維持することになる。

　つまり、清算サービスにおいて圧倒的に優位な立場にあるロンドン拠点の機関へのアクセスを失うことで、デリバティブ取引が混乱することを回避するための措置である。これにより欧州委員会は、EUの金融安定性に大きな影響を与える分野に関しては部分的ではあるものの実質的な同等性評価を付与したことになる。さらにアイルランドの証券決済に関しても同様に2021年6月末までの6カ月間、英国拠点の証券集中保管機関の利用を認めた。ただしEUにとっての利益が明確な分野には、同等性を付与することは当初から予想されていたため、さほどの驚きはなかった。この動きは、ポジティブなものと評価されるものの、特に清算はEU拠点の金融機関にとってその確実性が重要と、EUがとらえている数少ない分野であるため、その他の金融サービス分野においても同様の時限的アクセスが許容されるとは限らなかっ

た。根本的には、EU市場へのアクセスを確保するために、多国籍金融機関であれば、EUに認可を受けた子会社を設立し、そこを経由して事業を行うほかに道はない。無論、従業員やコンプライアンス機能など追加の規制順守コストが発生し、それが顧客に転嫁されることで、価格競争力を失う可能性がある。子会社を設立する余裕のなかった中小規模の企業は、EU加盟国の各規制当局から認可を受けるために、費用と時間のかかる道を選ぶことにならざるをえない。

■実質的に合意なき離脱となった金融サービス

（同等性が付与されず壊滅的となったEU企業株式取引）

　一方、英国は、2020年11月9日に、EUの規制や金融分野の監督行政が英国と同等であるとして、EUに全面的に同等性評価を付与していた。これによりフランクフルトやパリなどのEU企業・顧客は、（移行期間終了後の）2021年1月1日以降も英国にある証券取引所や清算機関、信用格付機関等を継続して利用できることになっている。英国が先に同等性評価を（一方的に）付与することで、EUも同様の措置（同等性評価）をとることを期待していたが、EUは移行期間終了前に同等性評価を付与しなかった。2020年12月24日に協定交渉は遂に合意されたものの、（双方の金融市場へのアクセスを含む）金融サービスに関しては、ほぼ協定合意のなかに含まれることはなく、同等性評価も付与されなかったため、英国の金融セクターは実質的な合意なき離脱に突入した。ただ大手投資銀行の多くは、国民投票以降の4年半の間に、EU拠点に現地法人を設立しEU単一市場へのアクセス（金融パスポート）を確保していたため、（移行期間終了後の）金融市場の大規模な混乱は避けることができた。

　しかしながら、金融サービス分野への影響はゼロではない。2021年1月4日は英国がEU単一市場を離脱してはじめての証券取引所の発会となった日であるが、金融街シティでのEU企業のユーロ建て株式取引[43]の大半が、フランクフルトやアムステルダムといったEU域内の取引所に一斉に移っている。

EUの金融商品市場規則（MiFIR）の規定である株式取引義務（STO）によって、欧州経済領域（EEA）の投資銀行・ブローカー（セルサイド）、資産運用会社（バイサイド）が、規制市場や取引施設に上場されている株式の取引を行う場所を、①EEA・EUの取引所、②組織的内部執行業者（SI）、③欧州委員会が同等性を認めた第三国の取引所にするよう義務づけている。この条件を満たせば、域内で自由な株式取引が可能となるため、パリの資産運用会社がマドリッド取引所のスペイン株式を買い、ダブリン取引所で売却することなども可能となる。問題となったのは、EU域内の取引所と、ロンドン証券取引所の双方で上場されていた二元上場株式の取引である。EUは英国の証券取引所に対し同等性評価を付与していないため、英国で取引されていたこれら二元上場株式の取引はEU域内の取引所に移らざるをえなくなった。EU規制当局は英国市場に上場するEU企業の株式のうち、ポンド建て株式についてはSTOを免除したが、EU企業株式の大半を占めるユーロ建て株式はSTOが適用されたままである。移動は予想されていたものの、一夜にしての変化の大きさは金融街シティの市場関係者の驚きを招いた。

　これまで欧州での株式取引業務の大半がロンドン拠点で行われてきたものの、今後はロンドンと欧州拠点での業務割合が逆転する可能性が高い。一方、移行期間終了により、英国の投資銀行は、EU企業や顧客を対象としたリサーチやセールス・トレード業務ができなくなったが、（同等性評価を付与されている）中国やニュージーランド等の顧客には（EU企業の株式サービスを）提供できるという不条理な状況も生じている。

■今後も同等性評価は期待できない
　英国は、金融サービス分野における規制面での協力についてEUとの覚書

43　CBOEヨーロッパ，ターコイズ（Turquoise）、アクイス・エクスチェンジ（Aquis Exchange）などの取引所で行われている株式取引。ロンドン市場に上場するEU企業の株式のうち、ポンド建て株式はEU域内での取引とするEU規則の適用を免除されたが、EU企業株式の大半を占めるユーロ建て株式は当該規則の対象となる。

締結を目指しているが、これがEUからの同等性評価付与を保証するわけではない。どのような覚書が締結されたとしても、（よく見積もっても）EU市場への最低限のアクセスを提供する程度であり、それよりも双方の規制当局が国内での決定事項に関し、情報交換するための方法を確立するにとどまる可能性が高いとみられている。

　今後は多くの分野で規制の乖離が急速に進むと考えられており、同等性評価付与はさらにむずかしくなるとの懸念もある。EUの同等性評価は一方的に付与されるうえ、短期間の通知で撤回される可能性もあり、加盟国としてのEU単一市場アクセスに比べ、包括性に欠けた取決めとなる。さらに、金融サービスすべてを網羅するわけではなく、基本的な銀行業やリテール投資ファンドなどは含まれない。弁護士など金融サービスに欠かせない資格等に対する自動的な認証も存在しない。また決済やオンライン融資にかかわるフィンテックは、ほぼ同等性評価の枠組みから外れているため、企業の多くはEU内での拠点設立を余儀なくされている。

　さらに、EUにはブレグジットを機に、金融サービス業におけるロンドンの牙城を崩そうとする政治的な思惑があることも指摘されている。離脱後の英国が大幅な規制緩和により（英国が離脱後にEU規制からの乖離方針を示唆していることを理由に）、競争的優位性を拡大することを懸念しているEUが、同等性評価を先送りにすることで、金融街シティからさらに多くの雇用をEU域内の金融ハブに異動させようとしたとみる向きも多い。EUが同等性評価の付与決定を先延ばしにすればするほど、資産や雇用のEU移転が進み、その後に同等性評価が付与されても、その一部は金融街シティには戻ってこなくなるとみられている。これはスタッフを異動させ、域内の規制当局から認可を受け、資産を動かすのはコストがかかる複雑な作業であるためである。英国に進出することでEUパスポート制の恩恵を享受してきた各国金融機関は、合意なき離脱という最悪のシナリオに備え、欧州拠点へのスタッフの異動や資産の移転を進めてきた。現時点では従業員のEU域内への異動は１万人以下であり、当初想定されていた人数に遠く及ばない[44]。ただし、異

動が進まなかったのは、コロナ危機により多くの制限措置が導入されていた
ことも影響している。

■今後の金融街シティはどこにいくのか

　長期的には、EU域内に異動する金融機関の従業員がさらに増加する可能
性があり、関連する不動産投資や税収入も英国からEUに移転するおそれが
ある。IPOなどのプライマリー業務もブレグジット前は流動性の観点から
も、ロンドンがデフォルトで上場先とみなされていた。しかし、今後は上場
先としてアムステルダムやフランクフルトが優先されていく可能性が高い。

　そのようななか、金融街シティの行政を担うシティ・オブ・ロンドン・
コーポレーションは、実質的な合意なき離脱の発生を受け長期的戦略の見直
しを行っている。コロナ危機による制限措置の結果生じた就労体制の変化に
対応するため、在宅勤務が主流で、通勤回数が減るというような柔軟な勤務
体制を反映した都市計画や、新たなスマートシティ技術や再生可能エネル
ギー網の採用を進めていくことなども検討している。在宅勤務が長期化する
なか、都市部に出勤する労働者の来店に依存する小売やレストランといった
ホスピタリティ産業への打撃も含めて対応策を検討し、金融街としての魅力
を高める方法を模索している。コロナ危機の発生から1年弱が経過した2021
年1月時点でも、金融機関では社員の大半が在宅勤務に切り替わったままで
あり、金融街シティへの通勤再開も進まず、非常に限られたものになってい
る危機感も強い。

　さらに英国政府はブレグジットによるEU規制からの解放を契機に、規制
緩和や規制上の負荷軽減を図る意向を示している。スナーク財務相は、規制
緩和で金融街の競争力向上の可能性を示し、1980年代に起こったサッチャー

44　コンサルティング企業のオリバー・ワイマンは2016年、金融街シティにおける金融
　　サービスセクターの雇用削減が最大で7.5万人とのシナリオを発表していた。さらに
　　2017年には、ロンドン証券取引所のロレットCEO（当時）が、雇用削減は23.2万人に
　　及ぶ可能性があると言及していた。

政権時代の金融規制改革にたとえ、金融ビックバン2.0とうたっている。移行期間終了前から、金融規制改革に向けた動きは始まっており、フィンテック業界に対する規制や、ソルベンシーⅡが見直しの対象としてあげられていた。今後はグリーンファイナンス促進に加え、税制改革、上場規制改革などを通じた急成長企業の英国市場増進（成長が見込まれる企業を英国市場に上場させ市場の活性化を図る）を目指すべきとの声もある。一方、当時のハモンド財務相が、テムズ川のシンガポールをつくるといった政治的なポーズは、EUの対抗心を生み出すこととなり、結果的に金融セクターの合意なき離脱につながった可能性も指摘されている。追い打ちをかけるように、昨今、BOEのベイリー総裁も同等性評価を付与されるために、英国がEU規制を受け入れるだけの存在になるべきではないと強気の態度を崩していない。今回のブレグジットの結果、EUと英国の規制乖離の流れが明確になってくるのは当然の帰結であろう。

　もともと金融街シティのホールセール事業のうち、英国顧客によるものは半分にも満たない。残りのうち、半分はEU顧客であり、あとは米国、中東、アジア等と多岐にわたっている。金融街シティは場所とルールを提供するものの、プレイヤーと資金は他の場所からやってくる、いわゆるウィンブルドン現象の中心地であった。金融ハブとして金融街シティが繁栄したのは、自国通貨のポンドではなくドルやユーロ建ての金融商品を外国人が取引するオフショア市場のプレイグラウンドとして発展した経緯がある。金融街シティは英国経済の低迷や、準備通貨としてのポンドの地位低下、数々の不祥事などをものともせず、EUの資本市場の大半を吸収し、世界一の金融センターであるニューヨークに伍するまでとなった。ただ今後は、（1960年代以降初めて）金融サービスのシェアの縮小に直面することになるため、これまで存在していなかった摩擦が生まれることには違いはない。金融街シティの落日を防ぐためにも、英国金融当局の明確な対応が求められている。

3 金融街シティから脱出した 金融機関

■欧州大陸への金融機関の移動状況

　英国がEUから離脱すると同時に（EU単一市場にアクセス可能な）金融パスポートが失効するため、英国に拠点を置く金融機関は、EU域内への拠点移転の準備を急いだ。ただ現実的には、バックトゥバック取引やリモートブッキング（リスク管理やサポート人員を各拠点に配置し遠隔操作でトレーディングや営業行為をすること。取引執行は一つの拠点に集約する）で部分的に欧州大陸へ移転することが金融機関にとって最も一般的な対応策としてあげられている（**図表3−5**）。

　英国FCA（金融行動監視機構）は銀行幹部宛ての2018年8月8日付の書簡にて、離脱後に英国に拠点を置く銀行がEU加盟国に事業を移転させる際に、適切な監督下にあるのであれば、リスクや利益の計上方法について、多様な取決めを受け入れる用意があることを明示した。

　この書簡では、合意なき離脱となった場合（EUと英国間の通商協定が締結されなければ2020年12月末の移行期間終了時に英国に拠点を置く銀行は金融パスポートを失う）、英国に拠点を置くEU加盟国の金融機関が引き続き英国でサービスを提供できるように暫定的な許可の枠組みを導入するとの意向が示唆された。政府はこの書簡を踏襲し、EU加盟国および欧州経済領域（EEA）に、英国内の金融業の営業権とデジタル通貨の発行を可能にする金融パスポート継続措置（TPR：Temporary Permissions Regime）をブレグジット後3年間付与するとしている。

　また、この書簡では、英国からEU加盟国に事業を移転させようとしている金融機関に対してバックトゥバック取引やリモートブッキングを認める意向が示された。すなわち、離脱後に英国の金融機関がEU加盟国に居住する

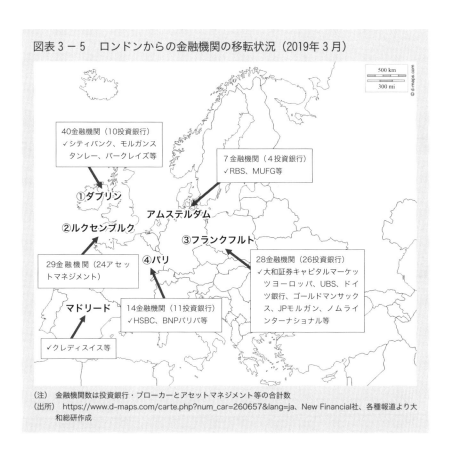

図表 3 − 5　ロンドンからの金融機関の移転状況（2019年 3 月）

40金融機関（10投資銀行）
✓シティバンク、モルガンス
　タンレー、バークレイズ等

①ダブリン

②ルクセンブルク

29金融機関（24アセッ
トマネジメント）

マドリード

✓クレディスイス等

7 金融機関（ 4 投資銀行）
✓RBS、MUFG等

アムステルダム

③フランクフルト

④パリ

14金融機関（11投資銀行）
✓HSBC、BNPパリバ等

28金融機関（26投資銀行）
✓大和証券キャピタルマーケッ
　ツヨーロッパ、UBS、ドイ
　ツ銀行、ゴールドマンサック
　ス、JPモルガン、ノムライ
　ンターナショナル等

（注）　金融機関数は投資銀行・ブローカーとアセットマネジメント等の合計数
（出所）　https://www.d-maps.com/carte.php?num_car=260657&lang=ja、New Financial社、各種報道より大
　　　　和総研作成

顧客に対し、継続してサービス提供していくうえで、ある程度の柔軟性をも
たせることを意味する。当該金融機関のビジネスモデルが適切に管理され、
その原則、実務およびリスクが妥当に管理されているのであれば、ビジネス
モデルを限定することなく、それなりの柔軟性を許容するとしている。

　さらに、離脱後の事業モデルを策定するうえでの留意点にも触れている。
金融機関が採用するビジネスモデルについて論理的根拠をもつべきであるこ
とと、適切なヘッジ措置やリスク・リターンの調整をとることなどをあげて
いる。また、金融機関はブレグジットにおける対応策が更新される度に、

FCAに通知すべきであり、当局に無断でアクションをとるべきでないといっう。

　FCAの寛容な姿勢は、金融機関の流出を食い止めるに十分との声が大きい。2016年の国民投票直後は、シティから金融関連職の大流出が始まるとの見方が一般的であったが、対象金融機関の多くが最低限のスタッフの移動にとどめようとするなど、離脱の影響に対して楽観ムードが漂っていた。ブレグジット後、欧州大陸に別途システムやセールス、トレーダーなどの人員を抱えることは、経営上コストに見合わない拠点戦略とされてきた。事実、国民投票後に欧州大陸に設置された投資銀行は、拠点数こそ多いものの、その人員や規模は事前の想定を大きく下回っている。

■EU側は厳しい姿勢で英国からの移転を促す

　ただ問題は、EU側が英国に拠点を置く金融機関に、同様の措置の提案をしていない点である。つまりFCAが、英国からEU加盟国に事業を移転させようとしている金融機関に対して永続的に、バックトゥバック取引やリモートブッキングを認める意向を示す一方、EUの規制当局は英国に拠点を置く金融機関に、同様の措置の提案をしていない。

　ECBやドイツ金融庁は金融パスポート失効後の対応策として、これら措置の利用に一貫して反対の姿勢を示しており、最長3年間までの利用にするよう警告している。言い換えると3年間の猶予期間の間に、そのバックトゥバック取引やリモートブッキングの利用を著しく抑えることを要求している。またユーロ建てデリバティブ取引もEU拠点内での清算機関を利用するように指導している。欧州銀行協会は、これらの措置を容認する姿勢を示していたが、金融規制についてEU域内で絶対的権力をもつECBは、より厳しい姿勢でブレグジットに臨んでいるとされる。

　英国に拠点を置く投資銀行では、最終的には規制当局がEU域内のトレーディング業務やそのリスク管理は、英国ではなく域内で行われるよう指導していくことになると予想している。またシティとEU加盟国とに、計2つの

リスク管理センターをもつことは、コスト的には厳しいため、（英国に拠点を置く投資銀行は）英国外での業務を諦める可能性を示唆している。さらに、規制当局は、投資銀行がスタッフを欧州拠点に移動させる際の抜け道として、英国からの出向や兼務の形態をとることに慎重になっており、特別な場合に限るとの見解を示している。

　またトレーディング業務に比べれば規制の度合いは緩いものの、M&Aおよび資本市場に従事するスタッフは、ブレグジット後に英国（またはシティ）からEU域内の顧客を勧誘する際には、必ずEUに拠点を置く（EU規制当局による承認を受けた）スタッフの同席が必要となる。この対処法となるのが、サービスを域外企業から求めることを明記した契約書を顧客から入手する、リバース・ソリシテーションである。いくつかの欧銀は、EU拠点のスタッフが取引に関与していることを迅速に証明するために、参加者を自動的に記録するシステムを準備している。ただすべての顧客がリバース・ソリシテーションの対応ができるわけではなく、フランクフルトやパリ、マドリードなどにアドバイザリー業務を行うスタッフを配備しており、ブレグジット後はシティから移動するスタッフがさらに増えることが予想されている。

　ブレグジット後の英国と欧州との関係性が不透明なこともあり、欧州の投資銀行が人員削減やリストラによって生じる高いコストをどのように乗り越えるかの道筋はみえてこない。英国が離脱を決めてから、いかにしてロンドンでの業務の大半を維持し、移転に係る費用を最低限にとどめるかについても、英国に拠点を置く金融機関は規制当局との協議を継続しているが、結論はみえていない。規制当局はEU域内での資本増強を求めているが、離脱後の形態がいまだに明確になっていないため、欧州の投資銀行はできる限りオプションを維持しようとしている。

第 **4** 章

台頭する
チャレンジャーバンク

1 チャレンジャーバンクの脅威

■新しいデジタル銀行、チャレンジャーバンクとは

　欧州では近年設立されたスマートフォン（以下「スマホ」とする）などのモバイルバンキングを専業とする、チャレンジャーバンクが口座数を急速に拡大しつつある。従来行との大きな違いは口座開設がきわめて容易なこと、支店網をもたず、スマホアプリで口座開設からバンキングサービスの利用まですべてが完結する点である。大型基幹システムなどレガシーITの固定費負担が少ないうえ、従来行が提供するオンラインバンキングに比べ、非常に洗練され使い勝手が格段に優れたサービスという特徴がある。「チャレンジャー」という語源の由来だけに、既存の大手行に挑むべく、より柔軟でより良いサービス、手数料の安さなどを武器に、デジタルネイティブとされるミレニアル世代を中心に急速に顧客を増やしつつある。

　チャレンジャーバンクの起源は2010年の英国にさかのぼる。英国では四大銀行が市場の7割以上を占める寡占状態にあったが、2010年にメトロバンク（Metro Bank）が約100年ぶりとなる新規の銀行免許を取得して開業した。これ以降、誕生した新興銀行を「チャレンジャーバンク」と呼ぶことが金融街シティで定着した。

　メトロバンクは土日も営業、中小企業や個人向け即日融資など、それまでの大手行にはみられなかった顧客の視点に立ったサービスで差別化を図ったが、口座開設時の煩雑な書類記入や審査などは従来行と変わらず、支店網をもち、伝統的なバンキング業務が主体であった。その後2012〜2014年にかけて、大手企業の傘下にある、店舗用の決済銀行などが乱立したが、大した利益もあげられず、株価も低迷していた。しかし、2015年に、英国で初めて物理的な店舗をもたないデジタルバンク、アトムバンク（Atom Bank）が開業

してから大きく流れが変わったといえる。

　これ以降、現在のレボリュート（Revolut）、モンゾ（Monzo）など、決済や海外送金などのバンキングサービスをスマホアプリのみで提供するフィンテック企業が相次いで誕生している。これらチャレンジャーバンクは、スマホアプリ経由で欧州での一般的な決済口座である当座預金口座（Current Account）、普通・貯蓄預金口座（Saving Account）、保険商品、株式取引などの広範なバンキングサービスを提供する。実店舗で行うサービスをデジタル化した従来のインターネットバンキング（オンラインバンキング）とは似て非なるものである（**図表4 − 1**）。

　サービス利用者には通常、MastercardあるいはVisaが発行するデビットカードが付与され、このカードが決済する度に銀行サーバーに必要情報を伝えるため、利用者はアプリを通じ決済についての即時通知を受けることができる。さらに、カードの凍結・再開、外貨支払など一部機能の停止などがアプリによって実施可能なうえ、ATMからの引出しもできる。また、外為取引にマークアップを含まず、一定額まで送金やATM引出しの手数料を無料とし、収益の源泉をカード利用時に銀行が受け取るインターチェンジ手数料にしている場合が多い。

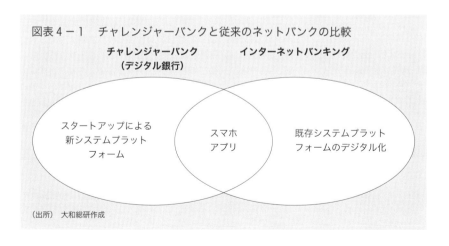

図表4 − 1　チャレンジャーバンクと従来のネットバンクの比較

チャレンジャーバンク
（デジタル銀行）

インターネットバンキング

スタートアップによる
新システムプラット
フォーム

スマホ
アプリ

既存システムプラット
フォームのデジタル化

（出所）　大和総研作成

インターチェンジ手数料とは、カード決済時に、小売業者の利用する決済銀行が利用者が契約している決済会社（この場合はチャレンジャーバンク）に対して支払う少額の手数料のことを指す[45]。インターチェンジ手数料はきわめて低い金額ではあるものの、決済回数が増えればそれなりの利益となる。チャレンジャーバンクではフリーミアムモデル[46]（Freemium model）が主流であり、無料口座開設者に対し、透明性のある低料金でサービスを提供する一方で、収益性の高い月会費を伴うようなプレミアム口座も用意している。海外送金を無料とするサービス等で無料口座の利用者を確保し、その利用者の一部に海外決済の際のキャッシュバック、荷物紛失や飛行機遅延などをも対象とする海外旅行保険といったサービスを伴う、プレミアム口座への移行を促すビジネスモデルである。

保険商品や外貨両替、あるいは消費者信用といった金融サービスを提供するチャレンジャーバンクもある。インハウスでこれら金融サービス商品をそろえる場合もあるが、大半は外部のフィンテック企業に委託し、商品購入に際してコミッションを受け取っている。ただし、このような金融商品の大半は、プレミアムサービスの対象としている場合が多い。

■快進撃を続けるチャレンジャーバンクの種類

欧州でチャレンジャーバンクが次々とサービスを開始している理由として、1つの加盟国で免許を取得した金融機関が他の加盟国でも同じ免許で営業できる金融パスポート制度の存在や銀行設立をめぐる規制のハードルが低いこと、カード決済が普及していることなどがあげられる。既存大手行の高

45　EEA外で発行されたクレジットカードやデビットカードを利用して、EEA内での購入が行われた場合、小売業者が課金されるのは、店舗内での購入の手数料はクレジットカードで購入額の0.3％、デビットカードで同0.2％のインターチェンジ手数料上限が設定されている。またオンラインの購入では、クレジットカードで購入額の1.5％、デビットカードで同1.15％が手数料上限となる。

46　FreeとPremiumを掛けた造語。無償サービス（Free）により利用者数を増やし、その利用者の一部が有償サービス（Premium）を利用することで利益をあげるビジネスモデル。

額な手数料、煩雑な口座開設、非効率な決済システムに対する不満も背景にあり、口座数が爆発的に増加している。

　特に若年層世代には、従来行での口座開設の煩雑さが敬遠されている。通常、英国での口座開設には、まず住所証明として3カ月以内の公共料金請求書が求められることが多い。しかし、公共料金の請求は四半期ごとが主流で、古すぎて使えないことが往々にしてある。さらに大量の書類にも記入せねばならず、ようやく口座が開設されても、日本に比べお粗末な郵便事情のなかでカードや暗証番号が別々に郵送されるなど、申請から利用までの道のりは平たんではない（**図表4－2、4－3、4－4**）。

　一方チャレンジャーバンクは、スマホ経由でアプリをダウンロードし、パスポートや運転免許証などの身分証明書の写真や、自らの顔写真または動画[47]を送信するだけで開設でき、銀行カードは数日後に手元に届く。英国に限らず、欧州全域をカバーしている先もあるため、（在英国でない）EU市民も国境をまたいで英国発のチャレンジャーバンクの口座を容易に開設できる。またソラリスバンク（Solarisbank）のように、バックエンドの基幹システム部分だけをソフトウェア化し、APIに接続するだけで口座を開設できるサービスを提供するチャレンジャーバンクも存在する。このような形態のチャレンジャーバンクはBaaS（Banking as a Service）と定義されている。なお、自社開発システム以外でBaaSを利用するチャレンジャーバンクをネオバンクと呼ぶこともある（**図表4－5**）。

　特にチャレンジャーバンクが威力を発揮するのは、外貨両替のときであろう。海外での現金引出しや外貨交換の為替手数料が無料等、TTMレート（仲値）を利用するチャレンジャーバンクのメリットははるかに大きい。たとえば（英国四大銀行の一つ）ナットウェスト（NatWest）のカードを利用

47　モンゾの場合 "Hi My name is Yamada Taro, I want to have a Monzo account" と自撮りしたビデオを送信する。反マネーロンダリング対応として、身分証明書と顔をAIで認証し、48時間以内に承認する仕組みとなっている。ポンドからユーロや円に交換する為替手数料がゼロとなる場合も多く、日本人駐在員の多くも利用しているのが実情である。

図表4-2 欧州チャレンジャーバンク各社①（英国のみ）

銀行名	設立年	本社所在地	特徴および主要サービス
レボリュート (Revolut)	2015年	英国	当座預金口座に加え貯蓄口座も提供、手数料無料の海外送金（実効為替レートを利用）、海外でのATM経由の引出し、為替手数料無料、手数料無料の株式取引、仮想通貨取引も可能。バーチャルカード機能によって、盗難を防ぎ、利用しない際には利用を凍結することが可能。
モンゾ (Monzo)	2015年	英国	個人・法人・共同口座を提供する銀行業務、決済・貯蓄口座のほか、小口融資や当座借越も提供する。為替手数料無料、海外での預金引出し手数料無料。
スターリングバンク (Starling Bank)	2014年	英国	個人・法人・共同・ユーロ口座を提供する銀行業務、決済・貯蓄口座のほか、融資や当座借越も提供するがクレジットカード機能はなし。カード海外使用時の手数料無料。
モネーゼ (Monese)	2013年	英国	英国内に居住していなくても口座開設が可能。決済口座として、国内外への送金、（定額）自動引落しや、個人間決済も可能。海外での現金引出しも可能。電子マネー免許を取得しており、銀行ではない。
アトム・バンク (Atom Bank)	2014年	英国	リテール向けのオンライン銀行として、貯蓄口座および住宅ローン商品を提供。アプリですべての機能を実施するため、顧客にはカードも送付されない。セキュリティとしてパスワードではなく、顔認証および音声認証を利用。当座預金口座は提供していない。
タンデム (Tandem)	2015年	英国	定期貯蓄口座およびクレジットカード機能を提供。決済口座や融資、当座借越は提供せず。カード海外使用時の手数料無料。
タイド (Tide)	2015年	英国	携帯電話のアプリを利用し、中小企業オーナーを対象とした法人当座預金口座を提供。QuickBooks、XeroやSageといった会計ソフトと統合。
ポキット (Pockit)	2014年	英国	既存行から金融サービスを受けにくい、低所得層や信用履歴がない層を対象とし、当座預金口座を提供（電子マネー免許）。月額99ペンスの手数料で給与や社会福祉給付の振込み、オンライン送金、プリペイドカードでの支払機能を提供。
カーブ (Curve)	2015年	英国	複数の銀行／クレジットカードを1枚のカード（支払機能がついたカード）に統合管理するアプリ。支払終了後に、支払に使ったカードを変更することも可能。銀行業ではなく、プラットフォーマーとしての位置づけ。
オークノース (OakNorth)	2013年	英国	中小企業を対象に事業・不動産融資を行うデジタルバンク。顧客や顧客の融資返済能力に関する分析方法を事業化した点に特徴がある。急速に成長している企業で担保になる具体的な資産をもたず、売上高が100万～1億ポンドのミドルマーケット企業を対象に50万～4,000万ポンドの融資を行う点もユニーク。
プリペイ ソリューションズ (PrePay Solutions)	2000年	英国	広範な種類のプリペイドカードの設計や運営、導入を行う。また、プリペイド取引決済処理、BINスポンサーシップ、電子財布、電子マネーの発行、コンプライアンスや不正対策サービスや、SCMやカスタマーサービスなどを含むプログラムマネジメント、付加価値サービスも提供。英国およびEU（ベルギー）の電子マネー免許を取得しているほか、Mastercardの発行ライセンスも所有。
クリアバンク (ClearBank)	2015年	英国	フィンテックのスタートアップ企業、信用組合、住宅金融組合、その他チャレンジャーバンクを対象に決済処理および勘定系サービスを提供。VisaやCHAPSなど国内の主要スキームでの決済を処理するほか、信用組合や住宅金融組合が自前で開発せずに、勘定系サービスを提供できるようになる。
ココナット (Coconut)	2015年	英国	個人事業主や自営業者を対象とした会計および税務ツールを提供。経費処理や請求書発行、税務をすべて単一のアプリで管理する。個人事業主が納税することになる額をリアルタイムで表示するというユニークな機能をもつ。欧州大手BaaSのPrePay Solutionsと提携し、個人決済口座や法人口座も提供。

（出所）　各社ウェブサイトより大和総研作成

図表4−3　欧州チャレンジャーバンク各社②（その他欧州）

銀行名	設立年	本社所在地	特徴および主要サービス
N26	2013年	ドイツ	銀行サービス、通貨を選ばないカード決済、TransferWiseのサービスを利用した海外送金、手数料無料での海外での現金引出し。
ビーネクスト (Bnext)	2018年	スペイン	国内最大手のモバイルバンク。特定パートナー企業の金融・保険商品を集めたマーケットプレイスをアプリ内からアクセス。既存行の銀行口座をアプリ内で管理できる口座集約機能も。電子マネー免許のみを取得しており銀行免許は有しない。
ファイア (Fire)	2009年	アイルランド	英国およびアイルランド市場を対象に、ユーロおよびポンドの二重通貨で個人・法人口座を提供。デジタル口座とデビットカードによって一連の決済サービスが可能となる。アイルランドでは銀行免許を取得し、英国では電子マネー免許を取得している。
ブンク (bunq)	2015年	オランダ	オランダで銀行免許を取得し、モバイルアプリでの個人・法人口座を提供。完全にオープンなAPIを備えた世界初の銀行。TransferWiseのサービスを利用した海外送金・為替手数料無料のほか、カード利用額に応じて植林するなど環境に優しい点をアピール。
ニッケル (Nickel)	2014年	フランス	オンライン決済口座を提供し、国内5,000軒のタバコ屋がデビットカード受領ポイントに。2017年よりBNP Paribasの傘下。
エニタイム (Anytime)	2012年	ベルギー	個人・法人・自営業者を対象とした決済口座を提供。小切手の現金化が可能な唯一のネオバンク。経費管理や会計機能も統合されているほか、キャッシュマネジメントや見積り、請求書発行も可能。カード海外使用時の手数料無料。電子マネー免許を取得しており銀行ではない。
ネオン (neon)	2016年	スイス	モバイルアプリによる個人決済口座を提供。国内で初めてカード海外使用時の手数料無料を達成。預託銀行をパートナーにもち、銀行免許申請の予定は当面ない。
バンコBNIヨーロッパ (Banco BNI Europa)	2014年	ポルトガル	デジタルに特化したチャレンジャーバンクとして個人・法人を対象に決済・貯蓄口座を提供。アンゴラのBanco BNIの子会社。
ハイプ (Hype)	2015年	イタリア	個人向けの決済口座を提供。プリペイドやデビットカードにて海外での決済やATM現金引出しを無料に。ビットコインの売買・利用・保管もアプリ内で可能。国内で初めてeコマース決済やオンライン限定口座を導入したBanca Sellaの子会社。
アプリラバンク (Aprilabank)	2018年	ノルウェー	国内の中小企業の資金調達に特化し高度に自動化されたデジタルバンク。自行サイトではなく顧客企業の経理システムを利用し、バンキングサービスを提供。銀行免許取得。個人向け貯蓄口座も提供。
ホルビ (Holvi)	2011年	フィンランド	起業家やフリーランサーを対象とし、財務管理ツールや法人口座を提供（電子マネー免許）。法人口座にはMasterCardが付与され、請求書発行や経理機能にもアクセス可能。
ルナー (Lunar)	2015年	デンマーク	個人向け口座として決済や送金、投資や貯蓄、家計管理ツールを提供。法人口座も提供予定。2019年に銀行免許取得。
クラーナ (Klarna)	2005年	スウェーデン	設立当初はオンラインおよびデジタル決済サービスに特化し、ワンクリックで購入後の支払や分割払いなどのオプションを提供。2017年に銀行免許を取得したことで新たにバンキング商品・サービスの提供も可能に。
ビビッドマネー (Vivid Money)	2019年	ドイツ	日常生活に必要な家計管理や決済機能に加え、旅行時の他通貨口座や株式投資、貯蓄など全般的な金融サービスをアプリ内で提供。海外でのATM引出しや実効為替レートでの両替、送金は手数料無料、オンライン購買の際のキャッシュバックサービス、安全性のためのバーチャルカードも。ロシアのTinkoff Bankが出資しており、SolarisbankとVisaの支援でドイツ市場参入。
マンブー (Mambu)	2011年	ドイツ	バンキング技術のデジタル化を支援するSaaSとして設立。マイクロファイナンス機関やフィンテックのスタートアップ企業を主要顧客としてクラウドバンキングを提供する。N26などのフィンテックに加え、サンタンデールなど既存行、さらにはOrangeなどの通信企業も顧客に抱える。
ソラリスバンク (Solarisbank)	2015年	ドイツ	銀行免許をもつ、銀行業務のプラットフォーム提供サービス（Banking as a Platform）として起業。フィンテックに限らず、金融サービスに参入しようとするあらゆるデジタル企業と提携。アリペイとの合意や、Borseとの仮想通貨取引プラットフォーム立上げはその典型例。

（出所）　各社ウェブサイトより大和総研作成

図表4－4　チャレンジャーバンク各社（欧州以外の大手）

銀行名	設立年	本社所在地	特徴および主要サービス
チャイム（Chime）	2013年	米国	国内主要ネオバンクとして、月間利用料や当座借越の手数料を課金せず、インターチェンジ手数料を主要な収益源とする。自動貯蓄機能に加え、給与振込口座として設定すれば雇用主の入金から実際に口座に現れるまで通常2日のところ、即時入金となる点をアピール。銀行免許は取得していないStride BankやBancorp Bankなどの提携行を通じ預金保護。
ヌーバンク（NuBank）	2013年	ブラジル	ラテンアメリカにおける主要ネオバンクとして、デジタル決済口座やクレジットカード、ロイヤルティプログラム、個人融資といったサービスを提供。決済口座ではいかなる銀行に対しても当日送金が手数料無料で可能になるなど、サービスが悪く手数料が高いブラジルでは画期的な存在に。銀行免許を取得。

（出所）　各社ウェブサイトより大和総研作成

図表4－5　チャレンジャーバンクの業種別分類

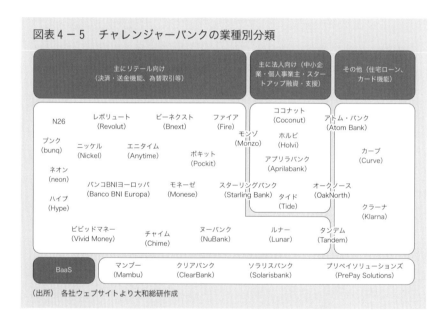

（出所）　各社ウェブサイトより大和総研作成

し、海外で支払を行った場合、その金額の2.75％が手数料として課金される（最低1ポンド以上）。サンタンデール（スペイン最大の商業銀行）も同様に手数料が2.75％（最低1.25ポンド）かかる。チャレンジャーバンクではこれらの手数料が掛からない。たとえば、モンゾであれば、世界中どこでもカード

利用の場合の手数料はなく、現地通貨は200ポンド相当まで無料引出し、それ以上の引出しには3％が課金される。

　スターリングバンクも、海外でのカード利用について手数料はなく、ATM引出しも無制限、N26も海外でのカード利用は無料でユーロなら無料引出しもできる。レボリュートも200ポンドを超すATM引出しは手数料2％が掛かるが、それ以下であれば手数料はゼロである。VISAや、Mastercardのデビット機能が搭載されていて、そのまま日本で発行されたクレジットカードのように利用できる。

2　チャレンジャーバンクの課題

■英国の四大銀行とチャレンジャーバンク支援政策

　英国では四大銀行（HSBC、バークレイズ、ロイズ、ナットウェスト）の融資や当座預金の占有率が7割を超えており、オーバーバンキングが問題となっているドイツや日本とは全く異なる商業銀行の勢力図がある。このため2013年3月から当時の英国金融当局FSA（金融サービス機構）は、新規参入行に向け資本規制や流動性規制の緩和等を行った。金融当局は2015年4月より、世界初となる決済システム規制局（Payment System Regulator）を立ち上げ、チャレンジャーバンクやフィンテック企業が公正な条件で決済システムにアクセスできるよう支援した。その後、決済サービス法（2017年実施）により、決済サービスのみを行うフィンテック企業が、決済システムに直接アクセスできることを促し、四大銀行との公平な競争の場が整えられた。

　また2015年、中小企業法（信用情報法）の実施により、大規模銀行が中小企業の信用データを共有したこともチャレンジャーバンクの参入を後押しした。さらに同年の小規模企業雇用法の実施により、大手行が融資を断った中小企業の情報を特定プラットフォームに提供することが義務化された。プラットフォームを運営する企業は複数の金融機関の商品比較サイトを運営しているため、これにより中小企業が直接金融機関から金利などの条件に関するオファーを集めることができるようになった。その後も英国は、「イノベーションハブ」や「規制サンドボックス[48]」など次々とチャレンジャーバンク、フィンテック企業を強く支援する制度を導入していった。

---

[48]　フィンテック企業における資金調達に係るアクセスの改善、金融商品やサービスに適した消費者保護条項の改善、金融商品やサービスが市場に出るまでの時間短縮など、利点をもたらす。

■日本・EUのフィンテック企業支援政策

　一方、日本でも2017年の改正銀行法（2018年6月施行）により、APIを用いることで、フィンテック企業と金融機関の連携を促進する体制が整備され、国内金融機関には、オープンAPIにかかわる努力義務が課されている。具体的には、オープンAPIを進めていくうえで、仕様の標準化、セキュリティ対策や利用者保護などの諸原則の取りまとめ、金融機関と事業者間のAPI利用契約に係る意思疎通を円滑化するために契約に盛り込むべき条文例や解説の取りまとめ、電文仕様標準の策定、セキュリティチェックのためのツールなどの策定があげられる。

　また同時に家計簿アプリ等に代表される口座管理や、電子送金サービスをする電子決済代行業者に対して、更新系API業務（後述）を行う場合は2018年末までの登録義務が課された。参照系API業務を行う電子決済等代行業者に対し、金融機関がAPIを開放する場合の利用契約を2020年5月末まで（改正銀行法施行後2年以内）に締結することが目指された。金融機関にはまた、電子決済等代行業者との連携および協働に関する方針を策定・公表する義務があり、2018年3月末の時点で129銀行がオープンAPI導入方針を表明した（うち122行が2020年6月までに導入）。

　一方、EUでは2015年11月に成立した第二次決済サービス指令（PSD 2）[49]によって、欧銀にAPIの開放と新規事業者（フィンテック企業）への接続が義務化された。

　2018年までに国内法への移管を義務づけられた当該指令によって、EU内のチャレンジャーバンクは、顧客のリクエストに応じて既存大手行の顧客データを自由に取得したり、送金指示などを行うことができるようになっており、既存の金融サービス機関とチャレンジャーバンクとの公平な競争の場

---

[49]　PSD 2は、①市場参入障壁の除去および平等な競争条件の確保による決済サービス提供者間の競争促進、②支払サービス提供者が提供する情報の透明性向上、情報提供が義務づけられる項目の共通化、③決済サービス提供者と利用者との間における権利義務関係の明確化・共通化するための規制である。

がつくられている。

　具体的にはPSD 2 には、決済指示伝達プロバイダー（PISP：Payment Initiation Service Provider）および口座情報サービスプロバイダー（AISP：Account Information Service Provider）の 2 つの免許がある。PISPは、送金などの決済サービスを行うAPIを活用する権限をもつため、大手行など、他の資金決済サービス業者（PSP：Payment Service Provider）が保有している顧客（情報）に対して直接、決済指示を提供する業者である。AISPは別のPSPが保有する口座情報を取得する権限をもち、 1 つ以上の決済口座に関する情報を統合し提供する業者である。PISPを取得したフィンテック企業は、送金などのサービスを提供し、AISPは家計簿アプリなどを運営する業者をイメージすればわかりやすい。ただPISPは資金決済に関する業務を行うため、管轄当局からの認可が必要となる。一方、AISPは認可制ではなく登録するだけで業務を行うことができる。

　日本の改正銀行法はあくまでも努力義務であるのに対し、EUのPSD 2 は実施義務を伴う。現状では日本のフィンテック企業のほとんどが、決済サービスを取り扱っていない。全銀協システムのAPIの仕様が異なるなどの理由もあるが、オーバーバンキング状態で、当局が銀行への許認可を増やすメリットが乏しいことも理由の一つにあげられるであろう。そのため、決済サービス面での利便性が注目されている英国のチャレンジャーバンクと日本のフィンテック企業では、立ち位置が大きく異なる（**図表 4 － 6** ）。

■日本では笛吹けど踊らず？（日本でも金融サービス仲介業の開始により
　チャレンジャーバンクには商機に？）

　ただ、既存行がフィンテック企業に対し、一方的に顧客情報へのアクセスを許可することに異論が多いこともたしかだ。一部銀行でオープンAPIの手数料を不当に引き上げるなどの事例も出ている。そこで公正取引委員会は2019年10月から、キャッシュレス決済や家計簿アプリ業者に対する実態調査を行った。金融機関が優越的立場から過大な手数料を決済事業者に要求して

図表 4 - 6　欧州のPSD 2 と日本の改正銀行法との比較

	PSD 2	改正銀行法（日本）
施行	2018年 1 月 （法制化　2015年11月）	2018年 6 月 （法制化　2017年 5 月）
規制概要	①PISPは免許制、②AISPは 登録制	①電子送金サービス、②口座 管理サービスともに登録制
接続される銀行への強制力	全銀行が必ず実施（強制）	努力義務
フィンテック企業の作業	特になし （銀行は接続を拒否できない）	個別行ごとに契約しなければ 接続できない

（出所）　欧州委員会、内閣府資料より大和総研作成

いないかを把握することを目的とし、手数料の是正を求める報告書を2020年
4 月にまとめている。英国では規制対象下の全銀行には2019年 9 月までに、
フィンテック企業にAPIを提供することが義務づけられていた。2017年のリ
テールバンキング調査指令により、オープンAPIに関する標準化やデータ共
有（オープンAPIによる口座データの共有）が規定されており、個人決済口座
の情報を口座保有者が許可すれば、認可を受けた事業者あるいは他行との共
有が求められる。

　オープンAPIは、文字どおりAPI（Application Programming Interface）を
開放することを意味する。金融機関においては、フィンテック企業など外部
の求めに応じて銀行内の特定のソフトウェアやアプリケーションがもつ機能
やデータを、開放し利用させるための仕組みを指す。オープンAPIの利用形
態は、参照・照会系と更新・実行系に大別される。前者が利用者の照会情報
を提供するのに対し、後者は振込みや振替えなど、資金移動取引を実行する
ためのものである。

　図表 4 - 7 は金融法人のみを対象に大和総研が行った調査で、オープン
APIの提供状況を問うものである。その結果からは、「参照・照会系」の占
める割合が高いことがうかがえる。また同調査から更新・実行系のAPI接続
利用料として、外部事業者に提示している料金体系は（**図表 4 - 8**）、「未定」

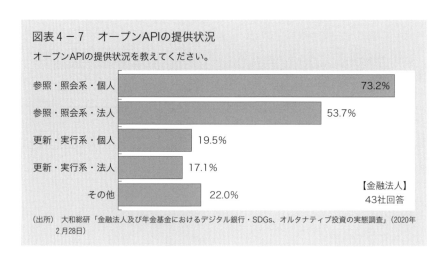

図表４－７　オープンAPIの提供状況

オープンAPIの提供状況を教えてください。

参照・照会系・個人	73.2%
参照・照会系・法人	53.7%
更新・実行系・個人	19.5%
更新・実行系・法人	17.1%
その他	22.0%

【金融法人】
43社回答

（出所）大和総研「金融法人及び年金基金におけるデジタル銀行・SDGs、オルタナティブ投資の実態調査」（2020年2月28日）

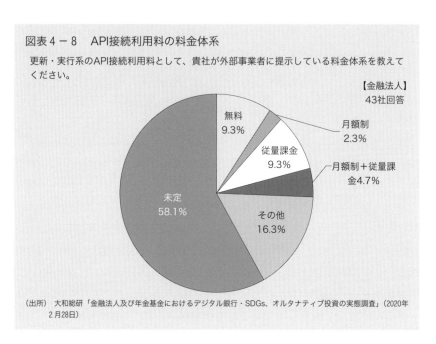

図表４－８　API接続利用料の料金体系

更新・実行系のAPI接続利用料として、貴社が外部事業者に提示している料金体系を教えてください。

【金融法人】
43社回答

無料
9.3%

月額制
2.3%

従量課金
9.3%

月額制＋従量課金4.7%

その他
16.3%

未定
58.1%

（出所）大和総研「金融法人及び年金基金におけるデジタル銀行・SDGs、オルタナティブ投資の実態調査」（2020年2月28日）

が6割近くを占め、模索中の金融法人が多いことがみてとれる。

　また日本のフィンテックに関連する規制緩和は、2017年11月の金融審議会総会で金融制度スタディ・グループが設置され、機能別・横断的な金融規制体系の整備に向けた審議が続けられてきている。2019年11月の未来投資会議ではその一環として、銀行から保険まで広範な金融商品を、モノのeコマースと同様に、ネット上で金利や手数料を比較検討して選択できるよう、仲介登録制度の簡素化や、商品提供元の金融機関に賠償責任を課さない新たな仲介業を設置する方向での規制緩和が検討された。

　その流れで、日本政府はスマホなどを通じ、保険商品、投資信託などの複数の金融商品を一括で販売することができる「金融サービス仲介業」を、2021年までに創設するとしている。当該制度が導入されると、これら一連の金融サービスをワンストップで提供するチャレンジャーバンクの日本への参入が一気に加速する可能性がある。

3 チャレンジャーバンクの構造比較

■四大チャレンジャーバンクの比較（口座数）

欧州のチャレンジャーバンク大手４行（レボリュート、モンゾ、N26、スターリングバンク）は、急速に顧客数を拡大しており、レボリュートは2020年では1,300万口座、N26は500万口座にまで達している（**図表４－９**）。

ただしチャレンジャーバンクはメインバンクというより、決済用の追加オプションとして利用されているのが実情である。ただ顧客に占める若年層の割合は高く（レボリュートは７〜17歳までの若者用にもアカウントを開放し、使いやすいアプリのバージョンも開発）、ミレニアル世代以降への浸透が進めば、給与振込口座にチャレンジャーバンクを選択するのが主流となる世代が

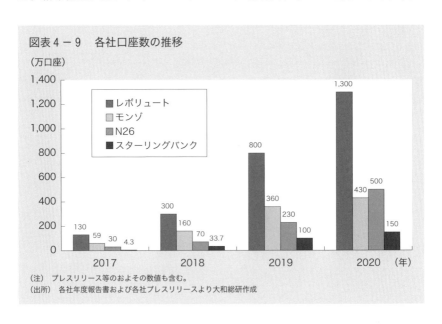

図表４－９　各社口座数の推移

（万口座）

（注）　プレスリリース等のおよその数値も含む。
（出所）　各社年度報告書および各社プレスリリースより大和総研作成

今後誕生する可能性は否定できない。

　モンゾやレボリュートは当初から支出や家計分析ツールを備え、使い勝手のいいカードの口座としてポジショニングしていた。一方、N26が英国に進出した際には、最初からリテール銀行としてのマーケティングを行っていた。ただN26は2020年2月には英国撤退を決断しており（2020年4月に閉鎖）、既存行から顧客を奪うことがいかに困難かを体現したかたちになっている。複数の決済アプリを簡単に切り替えることできるため、チャレンジャーバンク間での顧客争奪も容易ではなく、役立つ機能を無料で提供されることに慣れている消費者の心をつかむことはむずかしい。

■四大チャレンジャーバンクの収益構造

　欧州の大手チャレンジャーバンクの収益は、顧客がカードを利用した際に生じるインターチェンジ手数料が大部分を占めている（**図表4−10**）。

　このため、ロックダウン中の移動制限により、口座保有者の購入活動が抑制されカード使用が急減し、収益は打撃を受けている。その他の収益構造は、プレミアム会員による月間口座維持手数料や、金融商品や保険商品、株式や暗号資産の取引を提供することで生じる手数料、または当座貸越などで構成されているが、現時点ではどれも大きな柱となっているとは言いがたい。プレミアム会員からの口座維持手数料も重要な収益源になるため、ベーシック口座の利用者を魅力的なサービスのあるプレミアム口座に移行させようとしているものの、その道は平たんではない。

　2020年8月に欧州チャレンジャーバンクの最大手であるレボリュートが発表した、2019年次報告書をみると、2019年12月末時点での総収益は、1億6,272万ポンドとなり、2018年度の5,824万ポンドから大きく増加した。ただし収益の6割以上は、デビットカード決済の際のインターチェンジ手数料となっている。

　安価な為替手数料で頻繁に海外旅行にいく若年層から多大な支持を受けているため、コロナ禍による世界的な移動制限の影響は大きい。ただストロン

図表4-10　欧州大手チャレンジャーバンクの収益構造の内訳

銀行名	手数料収益内訳	2017年度 （万ポンド）	2018年度 （万ポンド）	2019年度 （万ポンド）
レボリュート	インターチェンジ手数料（カード使用料）	1,164	3,463	10,264
	口座維持料（プレミアム会員利用料等）	－	1,356	3,951
	その他手数料	119	1,005	2,058
	総収益	1,283	5,824	16,272
	税引前損失	−1,512	−3,296	−10,682
モンゾ	インターチェンジ手数料	204	1,056	3,262
	バンキングサービス手数料	16	254	606
	その他手数料（パートナーシップコミッション等）	－	13.7	140.5
	金利収入	15	492	2,502
	その他営業収益	30.9	155	208
	業務粗利益	181	916	3,566
	税引前損失	−3,055	−4,716	−11,382
スターリングバンク	インターチェンジ手数料（顧客カード利用料）	8.2	148	946
	決済およびプラットフォームサービス	0.5	21	157
	マーケットプレイスによる事業	－	4	7
	金利収入	8.9	114	690
	業務粗利益	−19	75	1,420
	税引前損失	−1,161	−2,686	−5,360
N26 （単位：万ユーロ）	純手数料収入（インターチェンジ手数料等）	15	1,381	－
	純金利収入	85	507	－
	その他営業収支	35	45	－
	総収益	1,124	4,365	－
	税引前損失	−3,205	−7,315	－

（注）　レボリュートは2019年12月末、モンゾは2020年2月末、スターリングバンクは2019年11月末、N26は2018年12月末時点のデータ。レボリュートとN26は、総利益（グロス）のみの開示。
（出所）　各社年次報告書より大和総研作成

スキーCEOは、コロナ禍にあっても計画どおり事業拡大を進めていることを強調している。膨張した固定費を抑制する必要があるが、シンガポールや日本および米国などの積極的な海外展開を進めている（口座数は拡大基調を続け、顧客数は1,300万人に達している）。2019年度の収益は増加したが、事業拡大に向けた人員増強により人件費が急増し、税引前損失は、2018年度の3,296万ポンドから2019年度は約3倍増の1億682万ポンドにまで拡大している。2020年末までにブレークイーブンの収支見通しを示し、2021年末には黒字転換する目標を取り下げていないが、達成には懐疑的な見方も少なくない。

　さらにコロナ禍で業績が苦しいのは、同じ英国の最大ライバルであるモンゾも同様である。同行の2020年2月末の税引前損失は、2019年2月末の4,716万ポンドのマイナスから、1億1,382万ポンドのマイナスと3倍近くにまで赤字幅が拡大している。

　これまでの収益源や新たな融資事業の成長がコロナ禍によって阻害されたため、プレミアム会員の口座や法人口座の拡大により穴埋めしようとしている。

　特に2019年8月より決済口座を保有している顧客に向け、個人融資サービスを開始している。開始時点では200ポンド〜1万5,000ポンドまで最大60カ月間融資するというものであった。レボリュートのような拡大路線というよりは、国内での手堅い収益拡大の意識を高めており、決済サービスへの過剰投資を抑え、当座貸越や融資といったいわゆる「銀行」業での主流のサービスを中価格帯で提供することに注力することを目標としている（価格競争はせず、顧客目線での利用しやすさなどを追求）。ただし2019年度年次報告書によれば、預金高は14億ポンド近くあるにもかかわらず、融資は約1億2,000万ポンド[50]にとどまっており、顧客預金のほとんどは中央銀行預け金として置いたままである（**図表4－11**）。

50　実際の事業性融資は約7,000万ポンドであり、残りは当座貸越にすぎない。

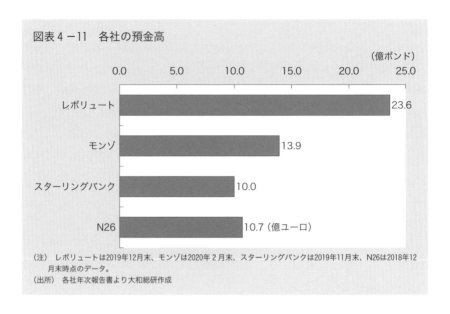

図表 4 −11　各社の預金高

（億ポンド）

レボリュート　23.6

モンゾ　13.9

スターリングバンク　10.0

N26　10.7（億ユーロ）

（注）　レボリュートは2019年12月末、モンゾは2020年2月末、スターリングバンクは2019年11月末、N26は2018年12月末時点のデータ。
（出所）　各社年次報告書より大和総研作成

　スマホ専業のため、リレーションシップバンキングによる優良貸付の発掘や関係構築などがむずかしいことは想像に難くない。ポストコロナとなる2020年後半は、ベーシックな決済口座として利用されるだけでも収益性のあるビジネスになるよう、十分な融資規模を確保しコストを下げ続けていくことができるかどうかが鍵となる。

　またN26が2020年3月に発表した2018年次報告書によると、総収益は2017年12月末の1,124万ユーロから、2018年12月末には4,365万ユーロまでほぼ4倍に拡大した。その大部分の収益はインターチェンジ手数料とプレミアム口座の口座維持手数料で占められており、融資等の純金利収入は507万ユーロ（そのうち純粋の融資は352万ユーロ）にとどまっている。ただし急速な成長に伴い、国際化やマーケティング強化などのコストがかさみ、損失も相当な額までに上がっている。2018年12月末の損失は、マイナス7,315万ユーロと前年（マイナス3,205万ユーロ）から倍増していることがわかる。

■対照的な内容のスターリングバンク

　一方、コロナ禍にもかかわらず、収益達成目標に強気なスターリングバンクの存在は注目されるべきであろう。2019年11月末までの税引前損失は、5,360万ポンドと前年度の2,686万ポンドからほぼ倍増するも、業務粗利益は1,420万ポンドと、前年度の75万ポンドから18倍以上に急拡大している。2019年次報告書によると、コロナ禍によるカード使用の繰延需要や、政府の企業融資プログラムに参加したことで、2019年後半以降、融資残高を大きく伸ばしたことが収益拡大に寄与したと結論づけている。

　同報告書からは、年間収益は8,000万ポンドを見越し、2021年度までに黒字化を達成する見込みであり、2022年までの上場をも目指している。コロナ禍により棚上げされていたアイルランドでの銀行免許申請手続も再開され、欧州市場進出を着々と進めている。口座数はレボリュートやモンゾから大きく水をあけられているものの、中小企業を中心とした法人事業は着実に足場を固めつつあり、（中小企業からの）法人預金の拡大により、預金高はすでに10億ポンド以上とライバルに追随している。

　チャレジャーバンクが、将来的により収益性の高い何かをするだろうというポテンシャルを投資家は期待しているかもしれないが、現時点ではその何かがはっきりとしてはいないこともたしかだ。デジタル技術を活用し、既存の市場を切り開こうとする、いわゆるディスラプターであるWeWorkやUberが急速に成長した後につまずいたことからも、チャレンジャーバンクの多くには、顧客数の拡大だけでなく、長期的なビジネスモデルの詳細を示すよう、投資家からの圧力がさらにかかるだろう。各行とも、顧客拡大とともにコストが増加しているため、収益性の高い機能の導入に焦点を移すことが重要となっている。チャレンジャーバンクの収益の大半は、インターチェンジ手数料および決済取引料金によるものだが、最終的にスターリングバンクのように "バンク" として、集めた預金を積極的に融資にまわすなどのバランスシートを利用した収益モデルの確立が必要となろう。本来の銀行業務の根幹であるバランスシートを築くことを断念するようなアプローチは、

「銀行」としての存続を危うくする行為に近いともいえる。

■チャレンジャーバンク各社の時価総額と資金調達状況

　英国では10年前にはフィンテックに投資するベンチャーキャピタルがほとんど存在せず、スタートアップ企業もごくわずかだった。しかし、2010年にオンライン上で、中小企業や個人投資家のマッチングを行う新たな金融業「P2Pレンディング（ソーシャルレンディング）」を運用する、ファンディングサークル（Funding Circle）が立ち上げられた。

　これらが、フィンテック企業の投資を後押しし、モンゾやレボリュートなどのユニコーン企業を誕生させた。2018年には世界一のフィンテック投資金額を記録するなど、ロンドンがニューヨークを抜いてフィンテック企業の世界的なハブとなった。

　レボリュートは、上場までに200億ドルのバリュエーションを目指すという。2018年の初めに17億ポンドの時価評価額となっていた。2019年10月には、二度目となる12億ポンドの資金調達を実現している。さらに2020年2月には三度目の資金調達ラウンドで5億ドルを調達し（さらに同ラウンドで7月に7,000万ドルを追加で調達）、主幹事を務めたシリコンバレーのベンチャーキャピタルであるTCVにより、55億ドルのバリュエーションがつけられている。スターリングバンクは2019年2月の資金調達ラウンドの際に、7,500万ポンドを調達しており、これまでの7回の資金調達ラウンドで3.23億ポンドを調達している（時価総額自体は非公開）。またN26は、2019年に巨額な資金調達を実現（2019年1月に3億ドル、同7月には1.7億ドル）、2019年7月には時価総額35億ポンドまで到達している（**図表4−12**）。

　一方、新型コロナウイルスの世界的流行により、ベンチャーキャピタルなどの支援者が、損失計上している企業にさらなる資金提供をすることに慎重になったため、チャレンジャーバンクも厳しい状況に追い込まれることが予想される。2019年10月にモンゾは、時価評価額を20億ポンドと1年間で倍増させた。しかし新型コロナウイルスの影響により、2020年6月の最新の資金

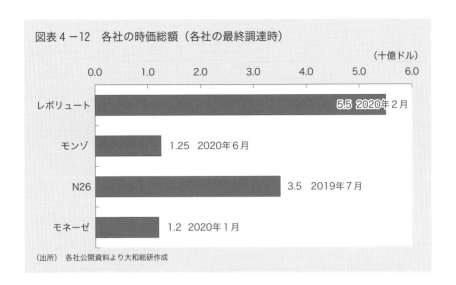

図表 4−12　各社の時価総額（各社の最終調達時）

（十億ドル）

レボリュート　5.5　2020年2月

モンゾ　1.25　2020年6月

N26　3.5　2019年7月

モネーゼ　1.2　2020年1月

（出所）　各社公開資料より大和総研作成

調達ラウンドでは6,000万ポンドを調達したが、時価総額は12.5億ポンドと前回から40％も低下した。

第**5**章

コロナ危機の余波に揺れる
チャレンジャーバンクと欧州

1 コロナ危機で業態転換に踏み込む チャレンジャーバンク

■コロナ危機でビジネスモデルの転換を余儀なくされるチャレンジャーバンク

　欧州のチャレンジャーバンクの多くは急激に口座数を増やしているが、その分コストも比例して増大し、損失が拡大しているのが現状である。

　さらに新型コロナウイルスの感染拡大を防ぐためのロックダウンにより、国内外の支出（決済件数）が激減したため、チャレンジャーバンクは主要収益源となるインターチェンジ手数料の急減に直面している。プレミアム口座の会費やマーケットプレイスの手数料などをうたっているものの、主な収益はインターチェンジ手数料に依存しており、その他の収入は微々たるものである。インターチェンジ手数料（率）は0.2〜0.3％程度であるが、塵も積もれば山となるかのように、顧客数が増えていけば、手数料もそのぶん増えていく構造である。

　さらにチャレンジャーバンクの主要顧客層は、既存銀行をメイン口座とし、チャレンジャーバンクを二次的な決済口座として利用する傾向があり、1人当りの預金平均残高も200〜300ポンド程度である。そのため、バランスシートを活用する預貸金収益などに過度に期待できない構造的な問題もある（また主要顧客層は、30代のミレニアル世代が多く、コロナ危機により収入減や失業の危機に直面している）。

　基本的にチャレンジャーバンクは、サブスクリプションモデルのため、急増した無料口座の利用顧客に関しては、口座維持管理費用を負担させざるをえないのが実情であろう（英国の既存銀行は普通口座でも口座維持管理料を徴収するケースが多い）。そのため、各チャレンジャーバンクは収益獲得に向けてビジネスモデルの転換を余儀なくされている（**図表5−1**）。

　英国大手チャレンジャーバンクのレボリュートは2020年6月には無料口座

図表5－1 英国でのカード支払による加盟店の手数料内訳

手数料名	内容	平均的な費用
決済手数料	決済の度に課金される少額の手数料	平均で代金総額の1～3％
加盟店口座手数料	(顧客のカード支払受付に必要な)加盟店口座の維持費用	月額で5～15ポンド
サービス料	いわゆるインターチェンジ手数料(EUでは代金総額に対し一定の割合が規定されている)	デビットカードなら0.2％、クレジットカードなら0.3％割引措置もあり
加盟店契約費用	加盟店契約内容に応じ、決済料金がそれほど生じなくても、ミニマムの料金として課金される	月額10～20ポンド
承認費用	決済承認のための費用	カード支払の度に1～3ペンス
支払方法による課金	顧客がどのようにカードを使うかによって課金(接触、挿入、スワイプ、キー方式)	カードが手元になければ高額になる
カードマシン代	カードマシン自体の費用	30～80ポンド(機能や購入台数に依存)
設置コスト	導入およびソフトウェア費用	100ポンド未満(昨今は請求されない場合が多い)

(出所) 大和総研作成

の顧客に対し同8月12日より各種サービスの無料期間が終了すると通知している。無料の外貨両替の上限は1,000ポンドまでとなり、これを超える場合は0.5％の手数料が課金される(プレミアム・メタル会員は無料)。また週末の外貨両替の手数料も現行の0.5％から1.0％に引き上げられる(平日は上限まで無料)。また海外送金も最初の1回だけ無料だが、2回目からは50ペンスの手数料を徴収する。さらに、送金先の自国通貨でない通貨での送金は、米ドルであれば1回3ポンド(ブラジルへ米ドルを送金など)、米ドル以外の送金は1回5ポンドの手数料を徴収することになる(いずれもSWIFT送金の場合)。

また、2020年2月に調達した5億ドルを使い、コロナ危機で打撃を受けた

旅行業界での企業買収を検討している。移動制限が解除された後に、レボリュートを通じて飛行機のチケットの購入やレンタカーの予約などを格安で行えるようなサービス提供を検討している。

■コロナ危機でリストラを強いられるチャレンジャーバンク

　コロナ危機により、チャレンジャーバンクは業態の変化だけでなく、目先のリストラに奔走していることも事実であろう。レボリュートは全従業員の３％に相当する約60人の余剰人員削減を発表したが、それとは別にポルトガルおよびポーランド拠点で50人超の従業員に対し、自主退職するよう圧力をかけたとの告発報道が飛び出す騒ぎとなった。

　レボリュートと並び、英国チャレンジャーバンクの雄と期待されたモンゾはコロナ危機を受けて、経営幹部の給与の25%カットを自主的に求め、共同創立者であるブロムフィールドCEO（当時[51]）も2020年３月に今後12カ月の給与の返上を発表している。さらに社員約300名を政府のコロナ対策である一時帰休スキームの対象とし、米国のカスタマーサービス拠点の閉鎖も発表した。そして、2020年６月に入り、英国内の120名の従業員が余剰人員となることを発表し、（早期）退職希望者を募り国内でも大きなリストラに踏み切る可能性を示唆している。同月の資金調達ラウンドは不調に終わり、時価総額で40%減を受け入れざるをえない状況となった。同行の融資事業は始まったばかりのため、既存行に比べ、デフォルト率の上昇が予想されるエクスポージャーは少ないものの、ロックダウン中に口座保有者の購入活動が抑制されたため、インターチェンジ手数料の急減により収益は打撃を受けている（**図表５－２**）。

　一方、スターリングバンクは、約40名の有期雇用者や派遣労働者との雇用契約を解約したものの、新たな資金調達を行い、顧客も増え続けているなど、好調な業績を出している。法人事業においても中小企業の18万口座を抱

51　2020年５月にブロムフィールド氏がCEOの座を退き、後任にビザカード元幹部のTS・アニル氏が就くことを発表している。

図表 5 － 2　コロナ禍でのチャレンジャーバンクのリストラ

銀行名	コロナ危機による影響
レボリュート (Revolut)	・共同創立者は 2 人とも給与返上し、経営幹部は給与25％削減。 ・賃金の一部を、その価値の 2 倍に相当する株式オプションに転換する賃金減額スキーム（SSS）実施。社員の 6 割以上が同スキームに参加。 ・約60名の余剰人員削減。
モンゾ (Monzo)	・ブロムフィールドCEO（当時）が12カ月分の給与返上。 ・米国ラスベガスのカスタマーサポート拠点閉鎖（米国事業は継続）。 ・英国スタッフ120人の人員削減に向けた協議開始。 ・社員約300人が一時帰休スキームの対象に。
N26	・共同設立者含む経営幹部は 1 年間給与25％削減。 ・ドイツおよびオーストリア拠点の従業員約150名を時短スキームの対象に。
スターリングバンク (Starling Bank)	・2021年初までに収支をプラス計上とする目標およびIPOの予定を 2 、3 年先延ばし。ただし一時帰休スキームは利用せず、採用増。中小企業融資に向け、政府スキームへの参加が認められたため、法人口座の新規開設増。
ポキット (Pockit)	・ワイヤーカード破綻を受け、FCAが 6 月26日に英国子会社に一連の業務命令を出す。同社が発行するカードを利用していたため、同30日まで一時的に口座が凍結される。
カーブ (Curve)	・計21名（うちカスタマーケア担当の社員17名）の一時帰休スキームを適用。

（出所）　各種報道より大和総研作成

えるなど、着実に足場を固めている。

　その理由として、顧客基盤の違いが指摘されている。そもそもモンゾやレボリュートは大都市圏のミレニアル世代が中心であり、夜遊びや海外旅行に頻繁に行く顧客層をターゲットにしているが、スターリングバンクはこれよりも年齢層が高く、（既存行の）週末にまとめ買いをするような金銭的に余裕のある顧客をターゲットにしていた。同行はロックダウン中も口座数が着実に増加した理由として、政府が100％保証する融資スキームの参加行に選ばれたことも大きいとしている。政府が100％保証するとはいえ、回収にあたる銀行として審査の結果、融資を承認しなかった顧客企業の不満がSNS

上で拡散するなどの風評被害にあったが、同行は融資承認率（86%）を開示する唯一の銀行でもあり、透明性が高いことも評価されていることの一つである。

■コロナ危機に揺れるチャレンジャーバンクの現況は、
フィンテックバブル崩壊の前兆か

　コロナ危機以前の2020年初まで、チャレンジャーバンクは欧州フィンテック業界の時代の寵児ともてはやされた。小規模なマネーロンダリング疑惑や、経営陣の頻繁な交代など懸念はあったものの、バリュエーションは上昇の一途をたどり、フィンテック業界の羨望の的であった。トップ4行（レボリュート、モンゾ、N26、スターリングバンク）は皆新規市場参入や米国進出に向かい、まだ収益をあげていないにもかかわらず、IPOを画策していた。ただコロナ危機によるロックダウンが起き、カード決済や旅行などチャレンジャーバンクの主要収益源となるインターチェンジ手数料が発生する機会が減少したため、状況は一変した。資金調達にも支障が出てくれば、この1年で整理統合が一気に進む可能性は高く、世界的な銀行に伍する存在になるという目標達成は急に遠のいたこともたしかだ。

　またその場合、資金力のないフィンテック企業とビジョンやデジタル能力に劣る中規模な既存行との合併が起こる可能性がある。既存行がeKYC（electronic Know Your Customer：オンライン本人確認）や、アンチマネーロンダリングなどに強みのあるフィンテックを買収したり、すでに確立されたフィンテック企業が補完的なサービスを提供しているスタートアップ企業を買収するといったパターンも考えられる。

　そもそも既存の大手行は、金融サービスのデジタル化に取り残されないことを目的としたフィンテック企業との提携熱が過去数年高まっていた。しかしながら、ほとんどの場合、提携といっても単なるAPIのベンダー契約にすぎなかったため、収益面や顧客獲得で大した成果も生まれず、シナジー効果もほとんど得られなかったのが実情であろう。そもそもフィンテック企業を

後押ししようとした、EUの第二次決済サービス指令（PSD 2）は銀行側に対して、規制が不十分な企業に対して顧客情報の開示を求められるといった不公平な競争条件をつくりだしている。しかも不具合が生じたときの賠償責任は、フィンテック企業ではなく銀行側に跳ね返ってくる。このためPSD 2 の改定を求める声が出ていることもたしかだ。コロナ危機をトリガーとして、フィンテック企業の終焉を予想する声も多く、既存行はデジタル戦略の大幅な軌道修正を余儀なくされる可能性が高まっている。

とはいえ、既存行が、サービス面でチャレンジャーバンクに近づきつつあると断言するには早計であろう。チャレンジャーバンクはロックダウンにより、マーケティング活動を減速させており、事態が沈静化すれば、消費者がチャレンジャーバンクに向かう可能性は否定できない。また、WHOが感染拡大の防止措置として現金利用後の手洗い励行を要請したことや、予防措置として現金からコンタクトレス決済に移行する店舗が増えていることも決済のデジタル化を後押しするため、チャレンジャーバンクがさらにシェアを拡大する可能性がある。ただいずれにせよ、アフターコロナの新常態では、フィンテック企業は真の収益力を示す必要があり、それができなければ淘汰される運命にあるという事実は変わらないであろう。

2 ワイヤーカードの破綻は フィンテックバブル崩壊の前兆か

■欧州最大のフィンテック企業、ワイヤーカードの破綻

欧州最大のフィンテック企業、ドイツのワイヤーカード（Wirecard）の マークス・ブラウン前CEOが、6月23日に不正会計および株価操作の疑い で逮捕された。同氏が所在不明としていたフィリピン大手2行の信託口座に あるはずの19億ユーロの現金が、そもそも実在しなかった可能性を認めてい る。ただ、一貫して不正を働いたことは否認し、保釈されており、弁護士は ノーコメントを貫くなど、事件はさらに複雑になる様相を呈している。

欧州でも最大規模の時価総額であったワイヤーカードは、2017年時点で顧 客数として大・中企業3.3万社、小企業17万社を獲得し、圧倒的な成長速度 とグローバルな存在感により、投資家から一挙に注目された。ただし実際に は、売上高の半分以上を少数の重要顧客で占めるなど（トップ200顧客で1億 9,300万ユーロと売上げの3分の2に達する）、同社がその規模を過大評価して 市場を欺いていたとみられている。同社の債務は約35億ユーロにのぼり、6 月25日に権威あるDAX30構成銘柄としては32年ぶりの破産申請に追い込まれ る異例の事態となり、15銀行のコンソーシアムを含む債権者は多額の損失を 予想している[52]。

ワイヤーカードはそもそもポルノやギャンブルサイトなどの成人向け産業 の決済処理から端を発した企業だが、上場企業として確立された後も（成人 向け産業との）関係を続けていた。ただ近年は、N26やモンゾなど大手チャ レンジャーバンクの名前も顧客の中心としてあがっていた[53]（図表5-3）。

---

[52] ワイヤーカードには物理的な資産がほとんどないうえ、顧客の多くは競合他社に乗り 換えてしまうリスクがあるため、残された価値が失われる前に、すみやかに資産の売却 を行う必要性がある。

図表 5 - 3　ワイヤーカードの軌跡

年月	イベント
1999年	ミュンヘン郊外でオンラインでのクレジットカード決済業者として設立。
2002年	元監査法人のコンサルタントのマークス・ブラウンがCEO就任。
2005年	休眠状態の上場企業を買収し、IPOに伴う厳格な審査を回避するかたちでフランクフルト証券取引所上場。中核業務はオンラインの成人産業に対する決済管理。
2006年	XCOM買収によりバンキング業に参入（ワイヤーカードバンクと名称変更）。ビザとマスターカードからライセンス取得。
2008年	ドイツの株主業界団体トップがバランスシート上の不審点を指摘。
2011〜2014年	アジアを中心に決済企業の買収攻勢に出る。急速な成長と優れた決済技術という同社主張に投資家の関心が集まり始める。
2015年	フィナンシャル・タイムズ社が同社に対する疑惑報道を開始。アジアでの活動が実際には同社主張よりも小規模とリサーチ会社がレポート。
2016年	ヘッジファンドが同社のマネーロンダリング関与を指摘。ドイツ連邦金融監督庁（BaFin）は市場操作の疑いでそのヘッジファンドを捜査。シティグループからプリペイドカード事業を買収し、北米市場進出。
2018年3月	ワイヤーカードシンガポール本社のリーガル担当者が不正送金に関する内部通報を受け、財務スタッフの調査開始。
2018年8月	ワイヤーカードの株価が191ユーロと最高値を記録し、欧州最大の時価総額をもつフィンテック企業に。
2018年9月	コメルツバンクにかわりDAX30の構成銘柄に。
2019年2月	シンガポール警察が同社シンガポール拠点に立ち入り検査。ドイツ連邦金融監督庁（BaFin）は2カ月間にわたり同社株式の空売りを禁止。
2019年3月	フィナンシャル・タイムズ社がワイヤーカードの事業の半分は外注と報道。同社はシンガポール当局に対し犯罪捜査の根拠を問い訴訟へ。
2019年10月	フィナンシャル・タイムズ社が同社の不正会計疑惑を報じ、投資家の圧力がかかり、大手監査法人に特別監査を依頼。
2020年4月	大手監査法人の特別監査の結果、不正を示す証拠は見つからなかったが、真相解明に必要な証拠書類が十分に入手できなかったと報告。
2020年6月	5日：ミュンヘン検察庁がブラウンCEOおよび経営陣数名に対する犯罪捜査を開始。 18日：19億ユーロの所在が不明と発表。 19日：マークス・ブラウンCEO辞任。 22日：不正会計の可能性を認め、所在不明の19億ユーロはおそらく実在しないと発表。 23日：マークス・ブラウン元CEOが逮捕。 25日：破産申請。

（出所）　各種報道より大和総研作成

53　N26は、創業当初、銀行ライセンスをワイヤーカードに外部委託していた。

■金融ハブとしての地位が一歩後退したドイツ

　ワイヤーカード（グループホールディング会社）は破産申請したものの、決済業務に必要な免許を取得している子会社は事業活動を継続している。

　子会社であるワイヤーカードバンク（Wirecard Bank AG）は、財政状況は健全である。それゆえ、ドイツ連邦金融監督庁（BaFin）はワイヤーカードバンクをグループ企業の資金とは完全に分け、別会社として扱うよう動いている。ただEU側からのBaFinへの不信感はぬぐえず、ワイヤーカードの破綻がEUの金融監督行政に対する投資家の信頼感を損なうおそれがあるとし、（BaFinによる）同社に対する監督に不備がなかったか調査を求めている。さらにBaFinは2019年2月に、不正会計疑惑により空売りの対象となったワイヤーカードのドイツ経済における重要性や、市場信頼性に対する重大な脅威を理由に、同社株の空売りを2カ月にわたり禁じていた。このため、多くの空売り筋が一斉にBaFinに対する批判を始めている。BaFinは企業中心のアプローチをとり、株主に対する不信が根底にあり、特に空売り筋に対してはその傾向が強いという。2019年の時点ですでにワイヤーカードに対する疑惑が報じられていたものの、BaFinは捜査に担当官を1名しか割り当てなかった。BaFinトップは、記者会見で監督不行届きとして失態を認めている。

　さらにワイヤーカードの英国子会社であるワイヤーカード・カードソリューションズ（WCS：Wirecard Card Solutions）は英国フィンテック企業において、重要な役割を担っており、チャレンジャーバンクなどのスタートアップ企業にかわって、銀行免許やシステム等をBaaS（Banking as a Service）として提供する事業を中核としつつあった。しかし、親会社の破産申請を受け、英国の金融行為規制機構（FCA）はWCSに対し、認可業務をすべて中止するように命じている。WCS側は英国の事業に影響はないとしながらも、この結果、ワイヤーカードのシステムを利用しているすべてのフィンテック企業のデジタル口座は凍結され、顧客は保有する口座に一時的にアクセスできなくなった。特に複数の銀行・クレジットカードを1枚のカード

（支払機能付カード）に統合管理するサービスを提供しているカーブ（Curve）の口座数は130万を超えており、多くの顧客に支障が出ているため解決策に奔走した。さらに主要銀行の口座開設がむずかしい人を対象とするいわゆる金融包摂のサービスを展開するポキット（Pockit）の顧客も50万人にものぼり、給与振込みだけでなく、社会福祉給付の受取りにも影響が出ていたという。WCSのシステムに依存していたケースも多く、英国フィンテック業界全体の影響は甚大である。

　ワイヤーカードに関しては、欧州最大のフィンテック企業としての期待が大きく、性善説バイアスがかかっていたのかもしれない。この "欧州版エンロン事件" ともいうべき不祥事は、ブレグジット後に英国金融街から規制対象事業の管轄権を広げていこうと欧州が動いている直後に起きている。ドイツが新たな金融ハブとしてロンドンにかわりホールセールバンキング活動の活性化を目指そうという時に、国内の規制当局に適切な監督能力がないことを、欧州大陸の金融機関やその顧客に対して証明してしまった。ロンドンからフランクフルトへの金融ハブとしての機能移転にブレーキがかけられることも想像に難くない。今後は、日系大手の本社機能も移転し、かつての欧州金融ハブの威光を回復しつつあるアムステルダムなどが、金融監督権限を高める可能性があるという。いずれにしろ、ドイツのフィンテック業界の旗手であったワイヤーカードに長年にわたる不正会計の疑いが出たことは、一連のマネーロンダリング不祥事に打撃を受けていたEU金融業界にさらなるダメージを与えることになった。

■ドイツの銀行の構造的な問題

　欧銀のなかでもドイツの銀行は、コロナ危機以前から厳しい環境に追い込まれていた。なかには、株式部門の閉鎖やトレーディング業務の縮小をすることで、大規模な再建計画を実施している銀行もある。またコロナ危機を受けた信用需要の急増に備え、信用損失引当金を前年同期比の数倍積み上げ、資本比率などの目標達成も一時停止している。引き続き消費者や企業の債務

返済能力に著しい疑念が生じており、今後も信用損失の拡大は免れないとみられている。

　もともと間接金融中心のドイツでは、直接金融市場の重要性が低いため（規模が小さいため）、投資銀行業務自体が衰退している。金融・不動産等の投機的な動きが少なく、低金利にもかかわらず不動産バブルが発生しなかったことなどから、証券化ビジネスの規模も小さい。ドイツ国内では、投資銀行業務がもともと世界金融危機以前から重要視されていなかった背景もある。一方、商業銀行業務は、欧州債務危機以降のドイツ経済が順調な回復をみせたことで、企業への融資も伸びていたため、比較的好調を維持していた。ただマイナス金利政策が長期化し、細分化された国内市場での競争激化と相まって、足元は低迷している。

　またコストが高止まりしている要因も大きい。ドイツの銀行は、支店や本部機能の自動化（デジタル化）が進んでおらず、効率の悪さなども指摘されている。一部の銀行ではオンラインバンキングに特化しており、わかりやすい提供プロダクトに絞り（顧客にみやすい画面で）成功しているが、大規模銀行ではまだそこまでの事例が出ていない。またドイツでは、労働者代表が経営者とともに企業の最高意思決定に関与することなどから、迅速な決定ができず、リストラする速度が遅くなるという事情もある（多くの労働組合が存在し、経営への影響力が強い）。

　さらにドイツの銀行セクターは整理統合が進んでおらず、海外市場を諦め国内市場に回帰すればすべて改善されるというわけでもない。同業界の過密状態という根本的な問題がある。ドイツの銀行数は2019年6月時点で1,572行もあり、主に民間銀行、公的銀行、信用協同組合の3つの柱に分かれている。収益低迷により、年間で40〜50行のペースで減少しているが、公的銀行部門には、主に地方自治体が所有する貯蓄銀行（Sparkasse）が依然として約400行も存在している。また地域の貸し手となる信用協同組合も、900行近く存在している。これらの銀行は、利鞘が薄いが収益以外にも地域密着の取組みも多い（**図表5－4**）。

図表5－4　ドイツの銀行比較（2019年6月末時点）

	銀行数	支店数		非金融機関への貸出		預金	
			占有率 (%)	（十億 ユーロ）	占有率 (%)	（十億 ユーロ）	占有率 (%)
民間銀行	263	7,770	28	1,379	32	2,494	43
大手行	4	6,298	23	639	15	1,229	21
地銀	151	1,303	5	631	15	855	15
外銀支店	108	169	1	109	3	410	7
貯蓄銀行	385	9,492	34	1,032	24	1,126	20
信用協同組合	871	8,782	31	719	17	830	15
州立銀行	6	240	1	395	9	481	8
その他（抵当銀行、住宅貯蓄銀行、特殊銀行等）	47	1,590	6	759	18	778	14
合計	1,572	27,874	100	4,283	100	5,709	100

（出所）　ブンデスバンク資料より大和総研作成

　このため、いちばん損をしたのが民間銀行の大手行であり、ROE（自己資本利益率）は1％台まで低迷した。世界金融危機以降、たしかに各国の大手行は国を問わず金利、非金利収入ともに減少しているものの、ROEがここまで低迷しているのはドイツの大規模行のみである。回復のために大手行同士の合併という選択肢は、コスト削減とリテール部門の規模拡大という利点はあるものの、構造的な問題の解決には至らない。銀行の多くは小規模行で、公的銀行と協同組合との競争は激しく、これらが地域の預金や住宅ローン、企業融資の大半を担っている。

　民間銀行、公的銀行、信用協同組合の3つの柱のなかでの整理統合や、柱を超えた再編が進まない限り、ドイツの銀行の構造的な問題は解決しないだろう。現時点では、柱を超えた再編は考えづらく、整理統合の機運も乏しいため、大手民間銀行がどうやって、これから国内の収益をあげていくのかは明確ではない（**図表5－5**）。

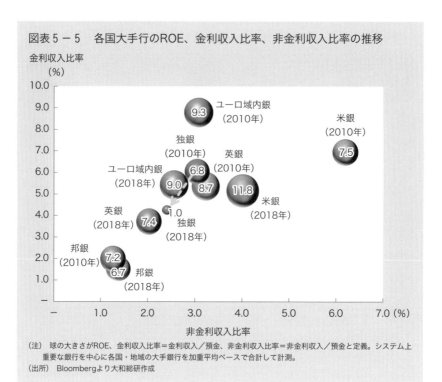

図表 5 − 5　各国大手行のROE、金利収入比率、非金利収入比率の推移

金利収入比率
（%）

- ユーロ域内銀（2010年）**9.3**
- 米銀（2010年）**7.5**
- 独銀（2010年）**6.8**
- 英銀（2010年）**8.7**
- ユーロ域内銀（2018年）**9.0**
- 米銀（2018年）**11.8**
- 英銀（2018年）**7.4**
- 独銀（2018年）**1.0**
- 邦銀（2010年）**7.2**
- 邦銀（2018年）**6.7**

非金利収入比率

（注）　球の大きさがROE、金利収入比率＝金利収入／預金、非金利収入比率＝非金利収入／預金と定義。システム上
重要な銀行を中心に各国・地域の大手銀行を加重平均ベースで合計して計測。
（出所）　Bloombergより大和総研作成

3 欧銀はコロナ禍を乗り切れるか

■コロナ禍の欧銀の現状

　コロナウイルスによる危機は世界的な金融市場の混乱を招いた。ただし本質的には、人々の生死にかかわる危機であり、前回のグローバル金融危機とは大きく異なると、金融街シティの欧銀関係者は受け止めている。

　また、コロナ禍の混乱にもかかわらず、欧銀は2020年前半を大きな影響がなく切り抜けたといっても過言ではない。これまでの金融危機とは違い、ダメージを受けるどころか、危機を通じて大きく収益をあげた欧銀も少なくない。

　大規模な投資銀行部門やトレーディング部門をもつ銀行は、歴史的な変動をみせた金融市場における顧客のポートフォリオの再編に伴うトレーディング収益の急増や、緊急の資金調達に迫られた政府や企業による債券発行による手数料収入で大きな収益をあげている。大型ウェルスマネジメント部門を擁する欧銀は、富裕層からの安定した手数料収入に加え、金融市場の混乱を受け、顧客からひっきりなしにアドバイスを求められたことが収益に大きく寄与したという。

　ただし欧銀の本当の正念場は2020年後半からといわれている。各国政府のコロナ禍対策により、民間企業の債務不履行は抑制されたものの、今後の失業率の上昇と企業破綻の増加による信用損失に備え、欧米の銀行は数百億ドルに近い引当金を積んでいる。

　V字型の経済回復が期待できないと判断した各行は、2020年後半にもさらなる引当金の積増しを行うのが実情であろう。欧州でも一時帰休スキームが順次終了する10月以降、企業破綻など債務不履行が続けば、新たな金融危機への懸念が再燃する可能性が高い。コロナウイルス流行の第二波が欧州で本

格化していることもあり、消費者や企業の債務返済能力に著しい疑念が生じており、2020年後半から信用損失が急増するとみられている。

■最も大きな問題は引当金の多寡

　その先行指標となるのは、米銀である。米国の 6 大銀行は2020年の 1 ～ 6 月までで合計602億ドルの貸倒引当金を積んでおり、その主因としてクレジットカードによる個人の破産と、中小企業の事業融資における信用損失をあげている。

　米銀は不良債権をより積極的に欠損として認識するほか、ノンリコースローンが多く短期的な破綻処理がより機能しやすい傾向にある（**図表 5 - 6**）。

　また、米銀融資の大部分は、無担保であり（消費者信用、ハイイールド債を含む）、住宅ローンなど担保を伴う融資であるため回収率も高い欧銀融資と

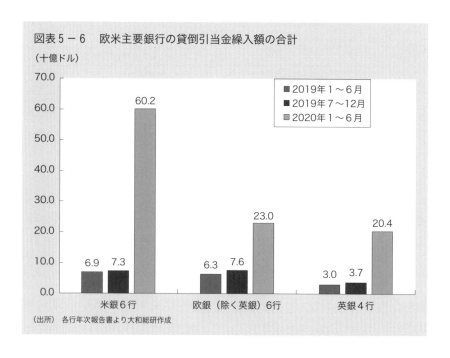

図表 5 - 6　欧米主要銀行の貸倒引当金繰入額の合計

（十億ドル）

凡例：
- 2019年 1 ～ 6 月
- 2019年 7 ～12月
- 2020年 1 ～ 6 月

米銀 6 行：6.9／7.3／60.2
欧銀（除く英銀） 6 行：6.3／7.6／23.0
英銀 4 行：3.0／3.7／20.4

（出所）　各行年次報告書より大和総研作成

比較しリスクが高い。一方、欧銀は信用損失をより長期にわたって償却する傾向にあるため、現時点では、米銀ほど保守的に引当金を積み上げてはいない。欧銀が将来的に発生すると予想される信用損失に備えて引当金を積む必要があるのは、債務不履行の可能性がより高まってからであり、米銀よりも短期的な見通しで対応している[54]。

さらに欧銀は、規制当局から極端な引当金増にならないようにとの指導があったことも大きい。欧州規制当局は、銀行資本が大きな損失を被れば、融資キャパシティーが制限されることを懸念し、被害の全容がより明らかになるまでは、損失引当金の見積りを免除する方針を示唆している。

英国の例をとれば、健全性監督機構（PRA）がカウンターシクリカル資本バッファーを引き下げ、監査ルールも緩和させ、すべてを新会計ルール（IFRS第9号[55]）に沿って、従前よりも引当金を保守的に計上することがないように指導している。

本来、IFRS第9号では、返済期限が過ぎた債務に対し、銀行が顧客に短期的な返済猶予を付与した場合、予想される信用損失に対して、従前の規則よりも早い段階で大規模な引当金を計上することが求められる（ECBも同様に新会計ルールを機械的に適用すべきでないと促している）。ただし欧州で長く続いたロックダウンは、商業銀行業務全般に今後も大きな影響を及ぼすことはたしかである。欧銀は政府および中銀主導の支援スキームにより、銀行の大半は顧客の債務不履行が実際に増えるのを一時的に回避しているにすぎないことを十分認識している。

---

[54] 返済中の債権であれば向こう12カ月だけを考慮すればよい。米国の基準では将来的に発生すると予想されるすべての信用損失を見積もって引当金に計上することが求められる。

[55] バーゼル銀行監督委員会（BCBS）は、国際会計基準（IFRS）と米国会計基準（US-GAAP）を採用する金融機関に対し、不良債権や要注意債権の取扱いを、発生損失に基づく引当基準から、「予想信用損失（ECL：Expected Credit Loss）に基づく引当基準（IFRS第9号）」に変更した。予想信用損失とは、従来の発生損失ベースよりもかなり保守的に引当金を計上するルールである。原則、IFRS適用の金融機関は2018年度から、USGAAPを採用する金融機関では2020年度から適応されている。

■ポストコロナでの欧銀

　2020年春にコロナウイルスの世界的大流行が始まった当時、金融市場は大きく混乱し、世界的な金融危機の再来が懸念された。しかし、主要中銀や各国政府の迅速な対応もあり、金融機関には大きな破綻もなく最初のショックを乗り切ったと受け止められている。多くの欧銀は投資銀行業務の市場シェアを米銀に奪われているものの、金融危機時と比較しても財政状況は格段に改善された状態にある。欧銀に限らず先進国の銀行にはこの10年で相当の資本バッファーが積まれていたことが、未曽有ともいえる混乱をひとまずは切り抜けられた原因であろう。

　しかし、夏までにはある程度収束すると期待されていた感染拡大も、ロックダウン措置の解除と夏季休暇で海外旅行者が増えたことで、欧州各地では感染者数の急増が続いている。当初のショックを乗り切れば、経済は急速に回復するという前提のもとに導入された雇用保護や企業融資などの政府施策は秋以降に徐々に終了する予定である。このため、今後起こりうる大型企業の破綻や債務不履行の増加に備え、2020年上半期に多くの先進国の銀行が巨額の引当金を計上した。

　ただし欧銀は他の先進国の銀行（特に米銀）に比べ、信用損失の引当金の計上を遅らせ、規模も少なめに見積もったために、（前回危機時と同様に）投資家からの信頼回復が遅れているのが実情である。政府による補てんの代替として、資本を維持するため、ECBが2020年末まで配当金や自社株買いの中止を命じたことも影響している[56]（投資家の落胆は、欧銀株価の低迷に反映されている）。

　また南欧諸国の欧銀は、金融危機時に端を発する不良債権の影響をいまだに引きずっている。V字型の経済回復が期待できないいま、本当の危機はこれからとの見方が拡大しており、これを乗り越えられるかどうかは未知数といえよう。

56　米国でも自社株買いが禁じられたが、配当金は上限設定にとどまっている。

前回の危機で憎まれ役になった銀行は、巨額の政府支援があったうえに、名誉挽回のチャンスとみて、コロナ禍の打撃を受けた企業に温情的な対応をしてきた。しかし、貸付はいずれ回収しなければならず、銀行は事業継続が不可能という非情な判断を下さなければならない状況も避けられない。さらに、2020年後半以降の収益拡大の見通しが暗いため、欧銀は利益確保のためコロナ禍勃発後に一時的に凍結した人員削減やコスト削減といったリストラ策を再開している。

　2020年上半期の活発なトレーディング収益による好業績は一時的なものであり、最悪の事態はこれからという見方が大半を占めている。政府や企業による債券発行による投資銀行部門の収益増も、7月以降は債券発行が急減し今後は期待できない。リテール業務や中小企業向け融資を主力事業としている欧銀は、コロナウイルス感染拡大によるロックダウンや移動制限が再び導入されれば、グローバル金融危機以来の大規模な損失に見舞われる可能性を残しているといっても過言ではない。

4 欧州の四大チャレンジャーバンク

■四大チャレンジャーバンクの企業概要

　ここからは欧州の四大チャレンジャーバンクの基本情報を明記していく。4行ともモバイルバンキングに加え、予算管理ツールおよび支出分析（日本でいう家計簿アプリ）機能を提供している。銀行口座の残高をリアルタイムで確認できるだけでなく、各店舗での支出も瞬時に反映される。各店舗のロゴやマークが表示されるため、後からみてもわかりやすい（モンゾやレボリュートは地図機能での表示もできる）。またモンゾ、レボリュート、スターリングバンクは、切上げ貯蓄機能を導入している。決済金額をポンド単位とすることで、切り上げられた端数を専用の口座に振り分ける。この口座にたとえば、"両親へのプレゼント"と名前をつけたり、目標金額を設定することも可能である。

① 　レボリュート（Revolut）

　レボリュートは、モスクワ出身のニコライ・ストロンスキーを中心に2015年に創業された、いま、最も勢いのあるチャレンジャーバンクである。ほぼインターバンクレートで150種類の通貨を外貨交換でき、さらに月5,000ポンド以下であれば、送金手数料も無料、仮想通貨取引や株式取引サービスも提供するなど一歩抜け出した存在になっている。支店網やレガシーシステムという負担がなく、自社開発のため、顧客からのフィードバックを受け取り、ユーザーに対する理解を深めたうえで迅速な改善をするなど柔軟なサービス変更をしている（**図表5－7**）。

　口座開設の要件は、サービス対象国に在住しており18歳以上であることのみである。パスポートなどのIDをスマホで撮り、送信すれば、数日間で

図表 5 − 7　レボリュート社の基本データ

項目	概要
社名	レボリュート（Revolut）
従業員数	1,289名（2019年12月）
創業	2015年
本社所在地	7 Westferry Circus, Canary Wharf, London E14 4HD （英国・ロンドン）
CEO	ニコライ・ストロンスキーCEO
サービス対象国	35カ国（英国、欧州、オーストラリア、シンガポール等）
システム	自社開発
起業経緯	ガスプロムの重役を父にもつロシア系英国人、ニコライ・ストロンスキーCEOとクレディスイス時代の同僚である、ヴィラド・ヤテセンコCTOの2人が、海外旅行する際の為替両替手数料の高さに疑問をもち起業

（出所）　レボリュート社のウェブサイトおよびプレスリリースより大和総研作成

カードが自宅に届く。既存銀行のように、店舗に行く必要もなく、すべてスマホ上で完結できるため、住所証明として求められる公共料金の請求書をとりにくい留学生や主婦なども、簡単に口座開設ができる。サービスは3種類あり、①スタンダード（月額無料）、②プレミアム（月額6.99ポンド）、③メタル（月額12.99ポンド）となっている（2020年4月時点）[57]。

　月額課金制のサービスではより広範なサービスが利用できるほか、飛行機遅延や緊急医療や歯科治療などの世界医療保険などの特典も利用可能となる。またオンライン決済時のセキュリティとして、1回限りの使い捨てバーチャルカードや、飛行機やコンサートのチケット予約を行うコンシェルジュサービスなどの特典もある。手数料無料の株式取引や仮想通貨取引などは、月額課金制のサービスで提供される。

　また世界中どこでカードを利用しても手数料は無料である。さらに複数通

---

[57]　日本でのサービスでは、①スタンダード（月額無料）、②プレミアム（月額980円）、③メタル（月額1,800円）となっている。

貨をカード内にチャージできるため、現地通貨での支払もできる。日本円もサービス対象であり、ポンドから日本円に中値で交換でき一定額までは外貨交換手数料も無料となっている（つまり、手数料なしで外貨を日本円のようにそのまま利用できるため、他行が最も脅威を感じるサービスとなっている）。特に駐在員や家族が留学している家庭などには、送金と外貨交換の面で最も優れたサービスを提供しているといえよう。無論、日本のスマホペイと同様、友人間との送金や割り勘も口座情報がなくとも携帯電話番号がわかりさえすれば容易にできる。さらに仮想通貨の現金化を手数料無料で行えるのもレボリュートだけであり、大きな売りとなっている。

　さらに、世界35カ国で口座開設ができるグローバルなサービス展開も強みになっている。特に2018年から世界展開を加速させ、同12月にリトアニアに欧州大陸拠点を設立しEU域内共通の銀行免許を取得している（英国内では資金移動業者の免許のみ）。オーストラリアでも一部サービスを実施しており、アジアでは2019年にシンガポールでサービスを開始し、2020年10月に日本進出も果たした。また2020年後半には中東諸国への進出も控えている。この積極的な海外展開により2018年に300万だった顧客数が、その後も月間30万人のペースで増え、2020年までの2年間で1,300万人を突破している。

　ただ、リトアニアは国策でIT立国化を目指し、先進的な電子政府やモバイルバンキングの普及で知られてはいるが、国際金融の主要市場とは言いがたい。また、バルト地域は近年一連のマネーロンダリング疑惑の震源地となっているうえ、リトアニアは経済規模も大きくない小国である。スタートアップ企業特有の速さを武器に、国際的に展開するレボリュートを監督するにあたり、力不足ではないかという懸念がある。また、同国の金融安定性に対するリスクも小さくはないことから、欧州大陸拠点として同国を選んだことへの批判もある。レボリュートはいわゆるディスラプターであるUberやWeWorkと同様に急速に地理的展開を図り、英国内の競合であるモンゾやスターリングバンクを、規模の面では大きく引き離している。しかし強引なまでに積極的な世界各国への進出計画や、自信過剰ともいえる成長見通し、

批判を受け入れない攻撃的な姿勢には規制当局や政治家だけでなく、元従業員や顧客からも反感を招くことが少なくないのが実情である。

② モンゾ（Monzo）

　モンゾは2015年にデビットカード事業によりモバイルバンキング市場に参入し、2017年には英国行動監視機構（FCA）から、銀行免許を正式に取得して本格的に銀行業に進出している（**図表5－8**）。

　口座への現金入金には決済事業者ペイポイント（PayPoint）のネットワークを利用し、海外送金はトランスファーワイズのサービスをアプリ内で利用、Google PayやApple Payへの登録も可能である。さらに海外での決済手数料がなく、現地通貨も200ポンドまでは無料でATM引出しできる（それ以上は3％の手数料）。また電力・ガス会社の切替えサービスや、大手行とは違い柔軟な返済方法で、煩雑な書類審査を伴わない融資も提供している。融通性の高い貯蓄口座や、特定の業者への支払を止めるなど財政管理機能もある。2020年4月から、それまで一律1日50ペンスであった当座貸越の料金に、顧客の信用スコアに応じ、実効年率換算金利（EAR）19％、29％、39％

図表5－8　モンゾ社の基本データ

項目	概要
社名	モンゾ（Monzo）
従業員数	約1,128名（2020年2月）
創業	2015年
本社所在地	T38 Finsbury Square London EC2A 1PX（英国・ロンドン）
CEO	TS・アニルCEO
サービス対象国	英国、米国、アイルランド（準備中）
システム	自社開発
起業経緯	スターリングバンクの同僚ら5名がクラウドファンディングを利用して設立

（出所）　モンゾ社のウェブサイトおよびプレスリリースより大和総研作成

を設定した。2018年12月にFCAが当座貸越料金の高さを懸念し、一律の料金設定を禁止したことを受けたためである（既存行の多くは法定上限のEAR39％を採用）。

　また欧州チャレンジャーバンクの一番手として米国に進出している。当面は米国拠点の銀行と提携し、口座開設数も限定するなど、全面サービス開始までには至っていない。またコロナ危機により、海外拠点の閉鎖や国内で100名以上の余剰人員の解雇など、コスト削減措置も余儀なくされている。特に米国ラスベガスのカスタマーサポート部門（165名）の閉鎖も発表するなど、前途多難なスタートとなっている。ただし、米国銀行免許申請（2020年4月に申請）や法人事業を開始する計画は、予定どおり踏み切っている。米国の銀行免許取得は、非常に複雑な規制順守が求められるため、他社が米国進出をためらうなか、取得に向けた努力を加速させていることも事実である。

③　N26

　ベルリンに本社をもつN26は、ドイツ最大手のチャレンジャーバンクである。同社は米国のベンチャーキャピタルが主導した2019年の資金調達ラウンド（シリーズD）によって、欧州で最高の評価を得たフィンテック企業となった。顧客数はすでに500万口座を超えており、欧州大陸でも最有力のチャレンジャーバンクの一つである。N26はドイツにおいて銀行免許を獲得しており、国内および欧州におけるモバイルバンクとして自社を位置づけており、メインユーザーとなるのは、いわゆるジェネレーションY（1980年序盤〜1990年代中旬までに生まれたミレニアル世代）である。ビジネスモデルの中核は、モバイルアプリを通じ銀行サービスを提供すること、あるいは金融サービスの仲介サービスを行うことである（**図表5－9**）。

　しかし2019年5月にドイツ銀行規制当局から、マネーロンダリング対策の改善を命じられるなど課題がないわけではない。

　一方2019年8月に米国進出を果たし、わずか半年で25万口座を獲得してい

図表5-9　N26社の基本データ

項目	概要
社名	N26
従業員数	約1,500名（2020年1月）
創業	2013年
本社所在地	Kurfürstenstraße 72, 10787 Berlin（ドイツ・ベルリン）
CEO	ヴァレンティン・シュタルフ
サービス対象国	25カ国（欧州、米国等）
システム	Mambu（BaaS）
起業経緯	支店網をもたないデジタルバンクで世界を席巻することを夢みた2人のオーストリア人（ヴァレンティン・シュタルフCEOとマキシミリアム・タイエアールCFO）が起業

（出所）　N26社のウェブサイトおよびプレスリリースより大和総研作成

る（本社はニューヨーク）。米国全土でサービスを提供するには、50州すべてから銀行免許を取得しなければならないなど、参入障壁が高い。現時点では、Axos Bankとの提携により銀行免許をもたず、業務を進めている。さらに、ベルリン、バルセロナなどにも拠点を設置し、グローバルな人員拡大によりコストが増大しているのが現状である。またコロナ禍でのカード使用の減少によるインターチェンジ手数料の急減の対策のため、同じドイツのアディダスと提携し、口座保有者がアディダスからオンライン購入した場合、（10月までの時限措置であるものの）30％引きにするキャンペーンなども実施した。

④　スターリングバンク（Starling Bank）
　スターリングバンクは、アライド・アイリッシュ銀行の元COOアン・ボーデン氏により2014年6月に設立されたモバイル専業銀行である。同行の特徴は他社の優れた金融商品を比較、選択できるマーケット機能であろう。アプリ内で生命保険、個人年金、住宅ローン、投資サービスなど80種に及ぶ金融商品が一覧表示され、ワンストップで購入できる。オープンAPIで他社

と連結されているため、即時審査、購入が可能である。何でも自前で提供はせず、コアの決済口座に注力し、保険やウェルスマネジメントなどのサービスから着実に収益をあげるモデルといえる（**図表5－10**）。

　また、リテール口座だけでなく、中小企業や個人事業主向けの法人口座（スモールビジネス向け口座）にも注力している。法人口座の顧客数は2018年3月のサービス開始以来、順調に増加しており、約8.7万口座（2019年11月末時点）に及んでいる。また万が一スモールビジネスの顧客が倒産したとき、資金を回収できず、連鎖倒産に陥ることを防ぐためのデジタル保険のニンブラ（Nimbla）と提携し、マーケットプレイスで販売している[58]。

　決済サービスに限らず、英国で銀行免許も取得している。ただ英国のみでの営業ライセンスであるため、金融商品の種類も限られていることが課題であろう。2020年12月末の英国のEU離脱に伴う移行期間終了時には、国際展開として他の欧州諸国のパートナーとの提携等を目指すため、2019年3月にアイルランドで銀行免許も申請しEUでの銀行ライセンスの確保を急いでい

図表5－10　スターリングバンク社の基本データ

項目	概要
社名	スターリングバンク（Starling Bank）
従業員数	約740名（2019年11月）
創業	2014年
本社所在地	3rd floor, 2 Finsbury Ave, London EC2M 2PP（英国・ロンドン）
CEO	アン・ボーデンCEO
サービス対象国	英国
システム	自社開発
起業経緯	アライド・アイリッシュ銀行（Allied Irish Banks）の元COOであったアン・ボーデン氏が設立。既存行では実現しなかったサービスを技術を活用して提供することに着目

（出所）　スターリングバンク社のウェブサイトおよびプレスリリースより大和総研作成

58　1通でも複数でも請求書ベースで保険を掛けられることが特徴。

る。2018年3月に英国銀行アワードにて、ベスト・ブリティッシュ・バンク賞および、ベスト・カレントアカウント・プロバイダー賞を受賞したことも話題となった。

あとがき

　"イクメン"という言葉が使われ始めて久しくなるが、筆者は英国に赴任してから、毎朝、娘を学校まで送迎している。送迎は幼稚園への入園から始まり、娘がロンドン郊外のパブリックスクールに入学後も、最寄りの駅から片道５キロ先にある学校まで往復し、電車に飛び乗り金融街シティに通うことが日課となっている。

　同業者である妻は、早朝５時台の電車に揺られ金融街シティに通勤するため、筆者が娘の朝食の準備や学校の身支度なども担当している。共働きのわが家にとって、娘の送迎は、妻との育児に公平を期するための当然の責務である。

　また、たまに送迎するのではなく、毎朝となると事情も異なってくる。無論、EU離脱の国民投票当日（2016年６月23日）も例外ではなかった。夜22時から始まる投開票、刻一刻と変わる情勢をそのつどにレポートを東京に送り、離脱確定後の怒涛のメディア取材やテレビ出演をこなした後、早朝にオフィスから自宅に戻り、この日もいつもどおり、娘を学校に送った。

　英国では、小学校までの間（12歳未満）は、子どもが一人で通学することが許されておらず（必ず親が子どもを送迎しなければいけない）、日本とは異なる事情があることも確かである。ただ英国では、職業やポジションを問わず、父親が早朝の育児を担当するのが当然の仕事となっている。キャメロン首相（当時）が、ダウニング街10番地（首相官邸）から朝の出勤の前に、首相自ら、（学校に行く前の準備として）愛娘のフローレンスにポニーテールを結んでいる姿を流す映像もあったぐらいだ。育児の平等さの土台をつくるべく、国のトップ自らが実践していることが垣間みられた瞬間である。声高に女性活用（最近ではSDGs）と叫ぶわりに、育児を丸投げしている日本の男性識者とは事情がおおいに異なるだろう。日本では国際金融の機能誘致を推し進めており、報酬改革や英語力強化の話が多く聞こえてくるが、金融街シ

ティのバンカーたちを引き付けるためには、女性の働きやすい環境整備だけでなく、意識改革が必要であることはいうまでもない。

　ただ良いこともたくさんあり、共働きの英国人と同じ育児スタイルの生活している珍しい日本人として、現地の父兄とはすぐに仲良くなれた。娘の同級生の父兄の多くは、夫婦ともに世界中から集まった金融スペシャリストが多く、学校で出会う毎朝の会話のなかで、金融街シティで生じるさまざまな経済・金融分野の情報が収集できた。当時のレポートはその時に得た情報も多く反映されており、他社とは異なる鮮度の高い情報が盛り込まれたレポートに対し、日本の顧客からもたくさんのお褒めの言葉をいただいた。

「私たちはヨーロピアン（欧州人）ではない、ブリティッシュ（英国人）だ」

　2016年の国民投票で"残留票"を投じた旧知の英国人との会話のなかで、印象に残ったフレーズの一つである。日本人の多くが欧州（ヨーロッパ）を定義すると英国も含むことは普通だが、英国が欧州の一部と認識している英国人はほとんどいない。

　筆者は、この言葉を思い出す度に、国民投票の結果、EU離脱の民意が示されたことが翻り、いつか英国がEUに戻ってくることは幻想にすぎないと確信している。「離脱は離脱」として、すでに多くの英国人は受け止めており、仮に労働党政権が誕生しても、EUへの再加盟を目指すというシナリオが実現するに至らないとみている。少なくとも、現時点で多くの英国人からは離脱への後悔は感じられず、それが2019年12月のジョンソン首相の総選挙大勝につながったといっても過言ではない。

　歴史はジョンソン首相を英国における偉大な政治家の一人と位置づけるかもしれない。良きにつけ悪しきにつけ、首相が英国に与えた影響は、女性宰相として、戦後で最も重要な政治家といわれる、サッチャー元首相に匹敵するという。ジョンソン首相の最も重要なレガシーはブレグジットの実現であり、EUとの関係性を大きく変えたことにある。無論、今後、英国は日英通

商協定を足掛かりに、日本とのさまざまな協力関係も模索している。環太平洋パートナーシップ協定（TPP）への加盟を視野に動き出していることもあり、日本からの英国への注目も増えてくることを期待したい。

　ブレグジット後の英国はどのようになっているだろうか。

　この答えを導くには、時期尚早であるものの、未来の日英関係のさらなる発展に少しでも本書が役に立てば、筆者にとって望外の幸せである。

菅野　泰夫

【著者略歴】

菅野　泰夫（すげの　やすお）

大和総研ロンドンリサーチセンター
シニアエコノミスト
1999年株式会社大和総研入社。年金運用
コンサルティング部、企業財務戦略部、
資本市場調査部（現金融調査部）を経て2013年からロンドンリ
サーチセンター長、2020年から現職。研究・専門分野は欧州経
済・金融市場、年金運用など

ブレグジット後の金融街シティと
チャレンジャーバンクの可能性
──アフターコロナで変わる新・金融サービスとデジタル銀行

2021年3月12日　第1刷発行

著　者　菅　野　泰　夫
発行者　加　藤　一　浩

〒160-8520　東京都新宿区南元町19
発　行　所　一般社団法人 金融財政事情研究会
企画・制作・販売　株式会社きんざい
出　版　部　TEL 03(3355)2251　FAX 03(3357)7416
販売受付　TEL 03(3358)2891　FAX 03(3358)0037
URL https://www.kinzai.jp/

DTP・校正：株式会社友人社／印刷：株式会社日本制作センター

ISBN978-4-322-13834-4